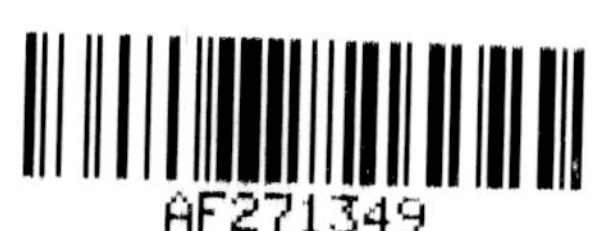

TROVARE *Un* EQUILIBRIO

ADULTO DA COLORARE LIBRO MANDALA EDITION

Coloring Bandit

Pubblicato da Speedy Publishing Canada Limited

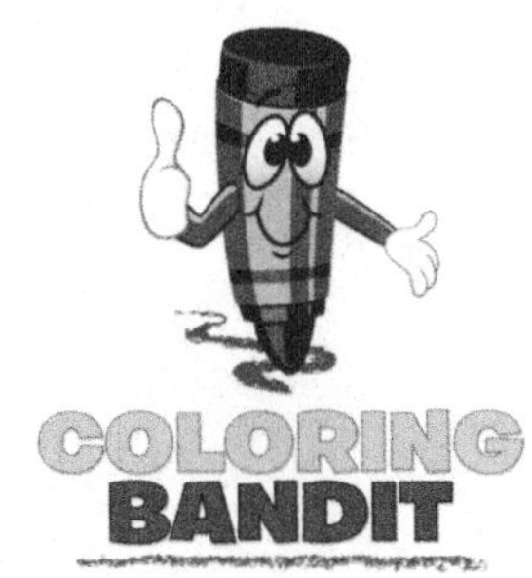

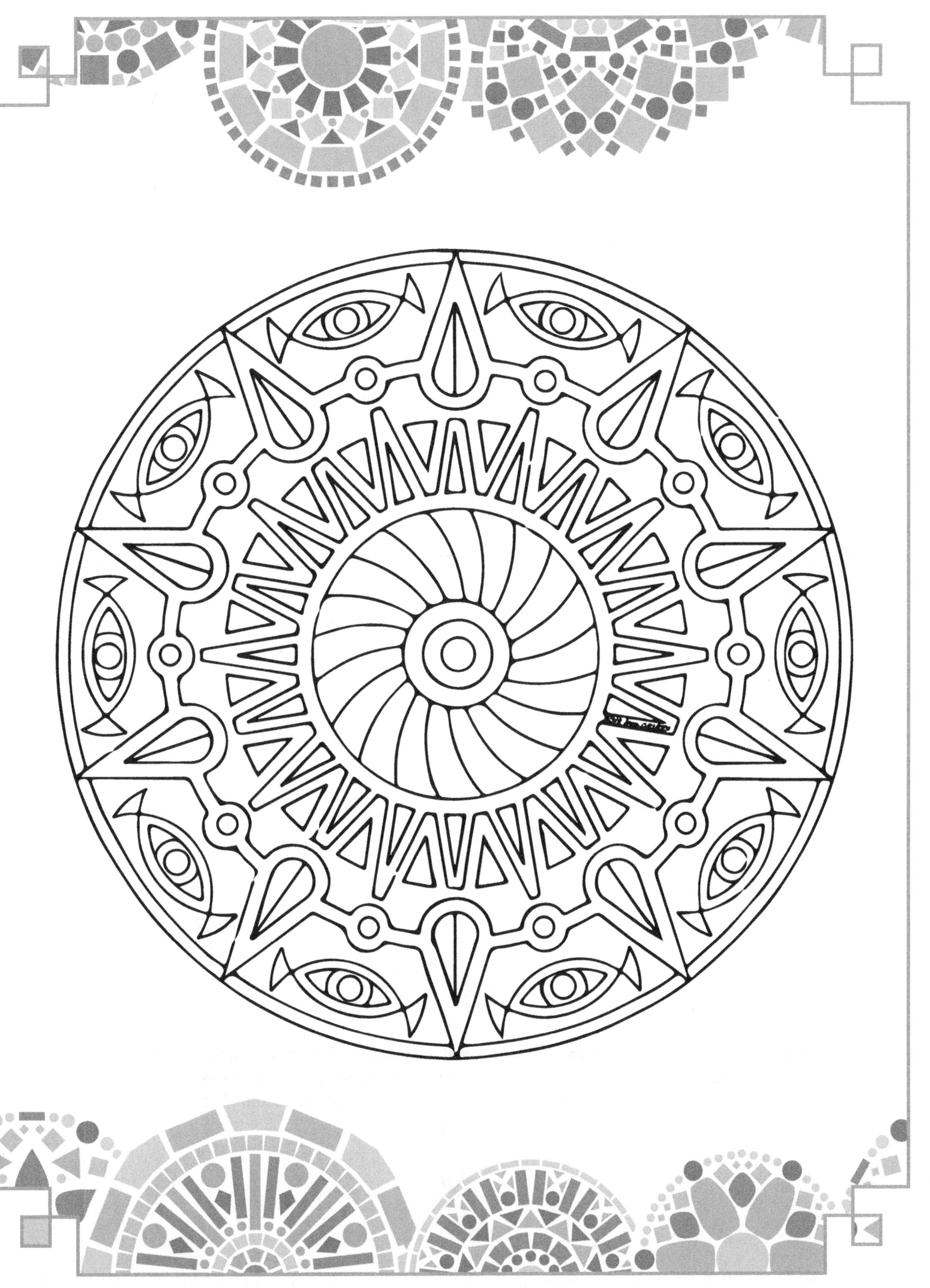

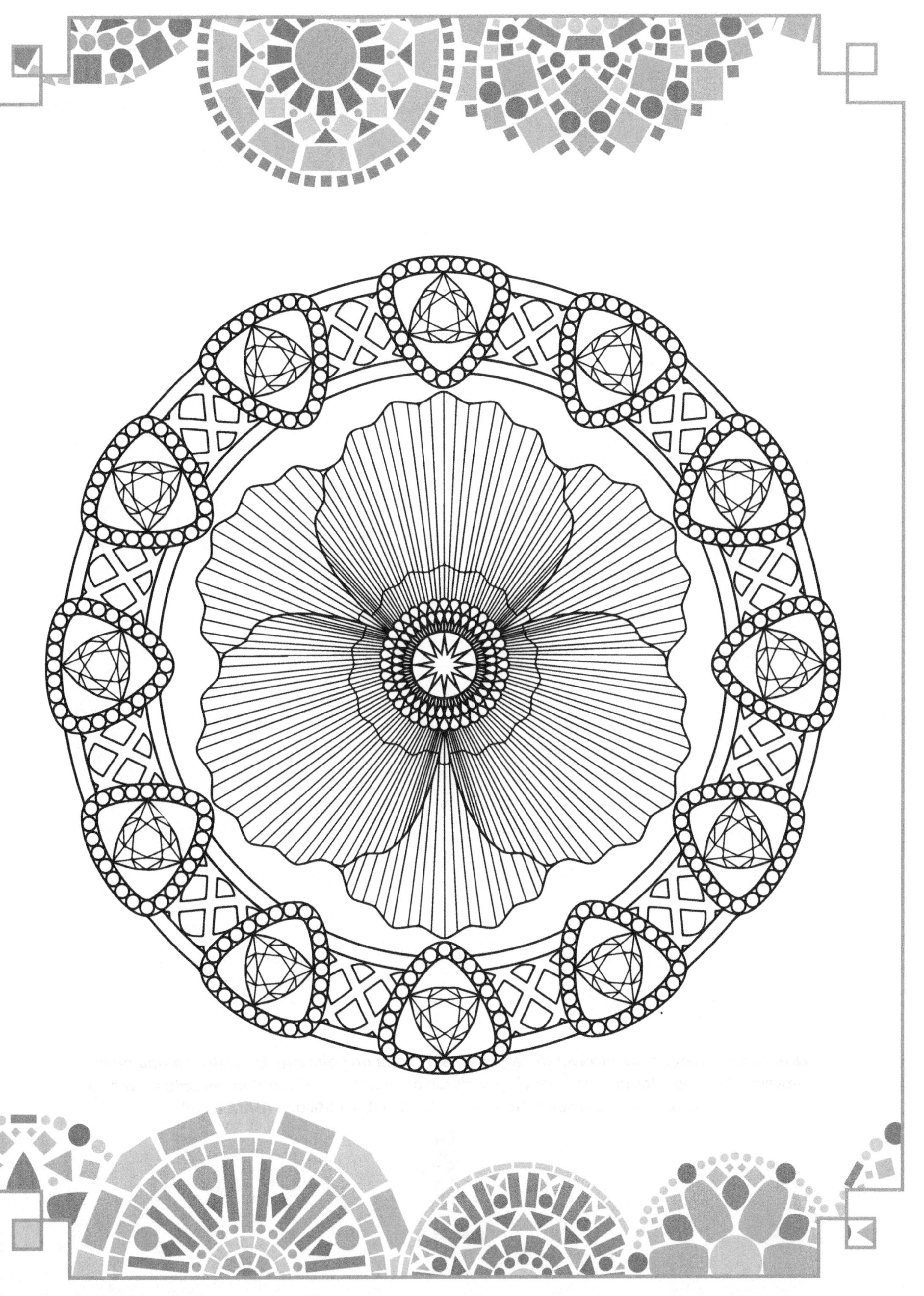

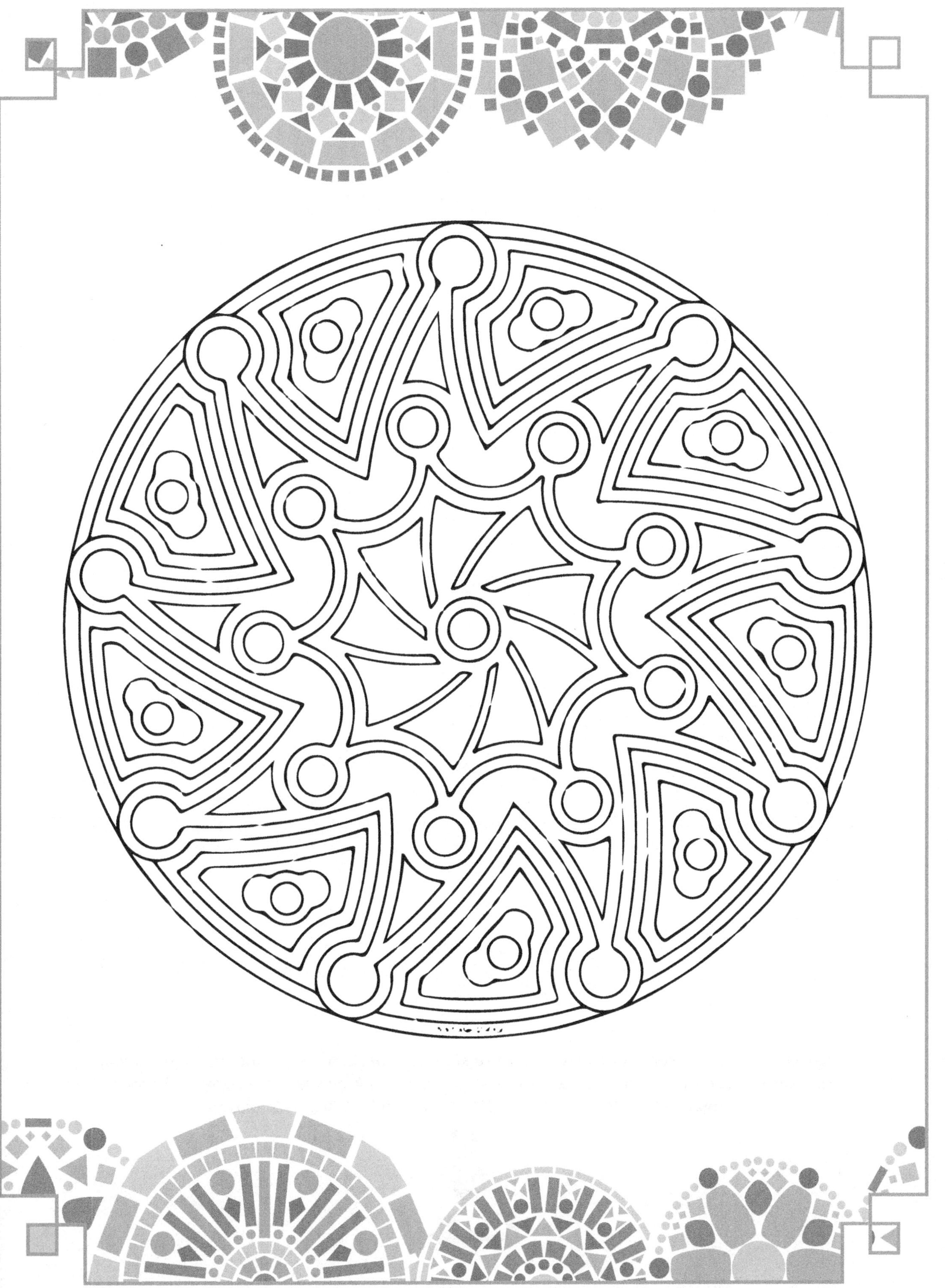

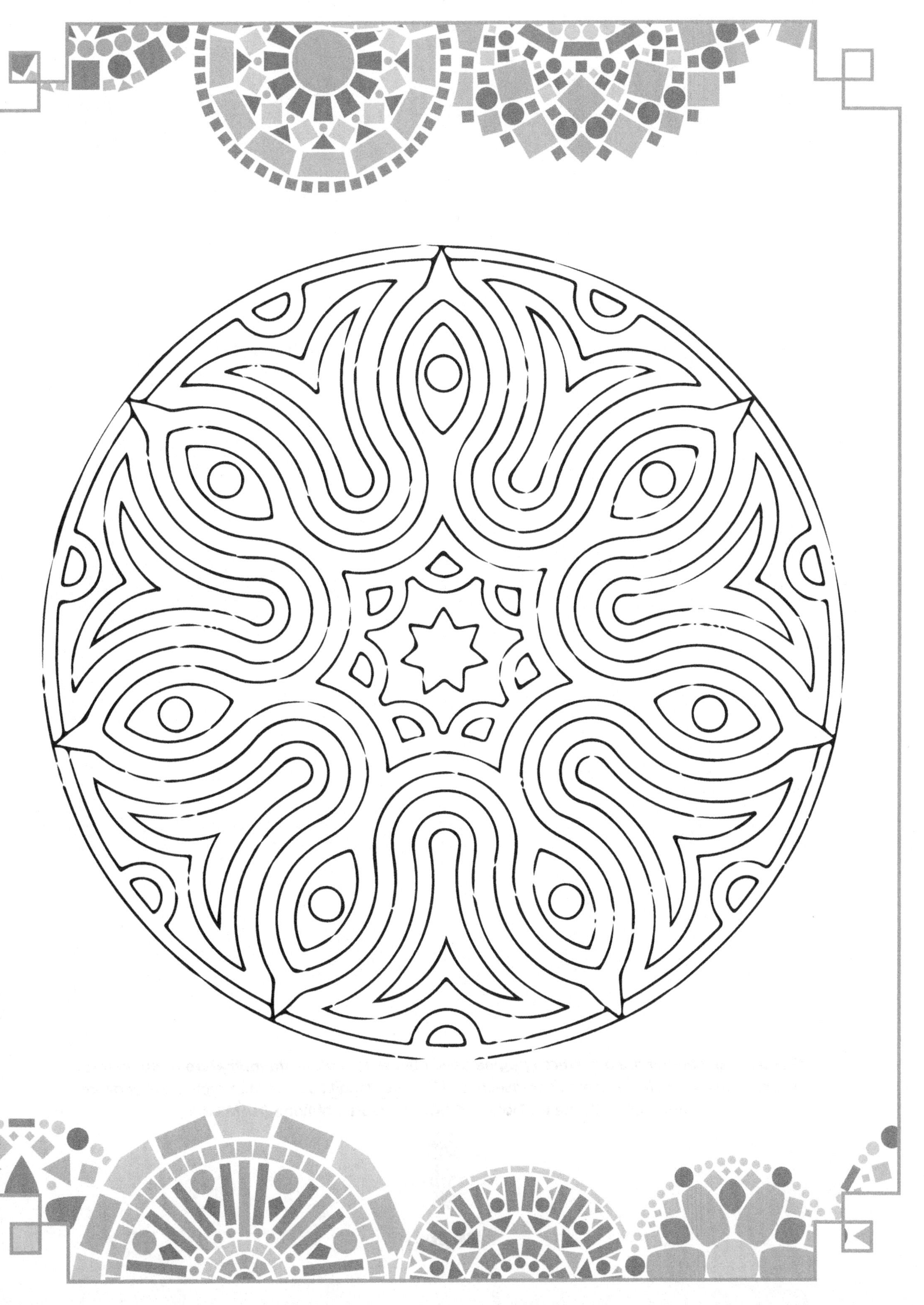

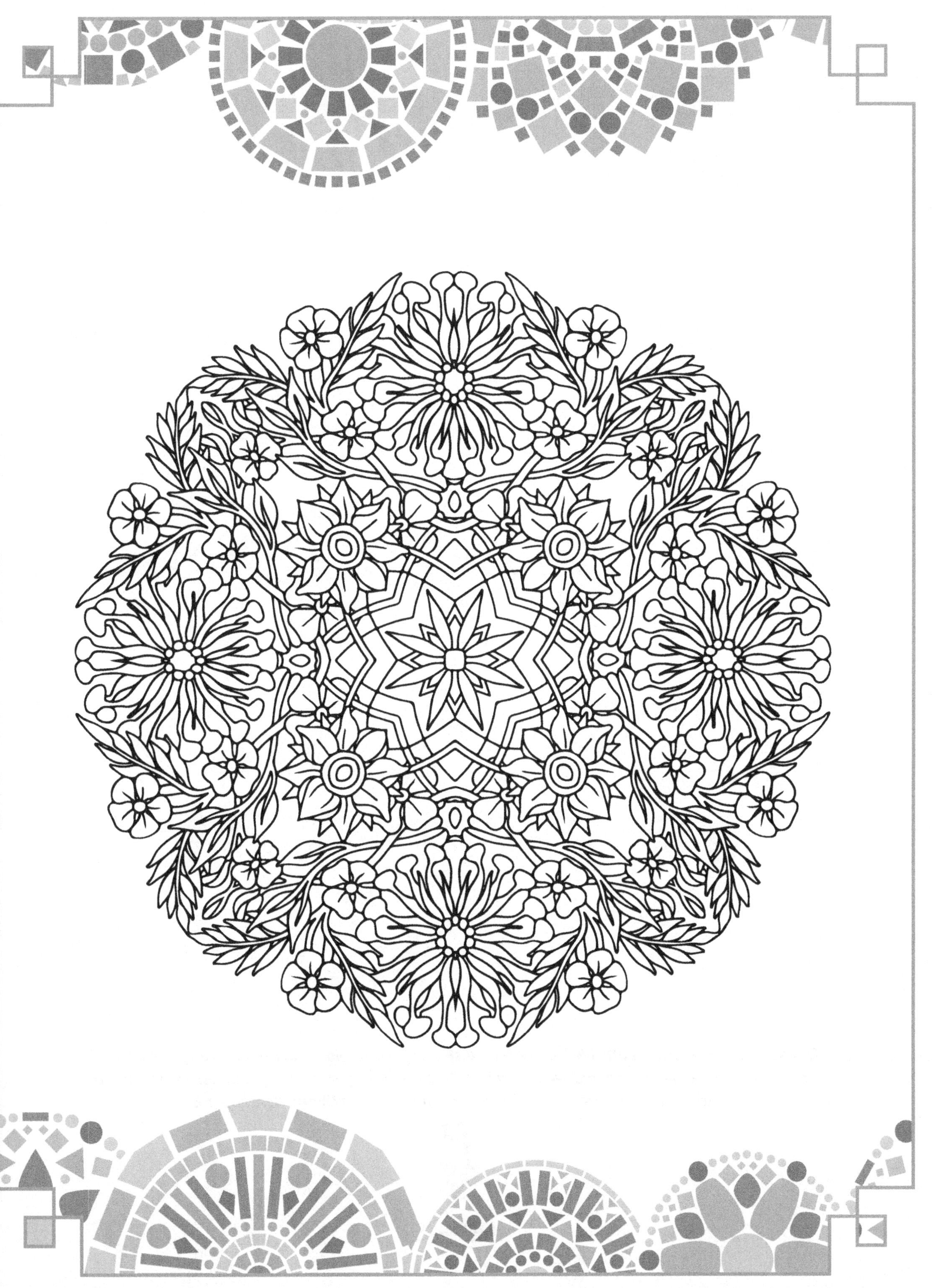

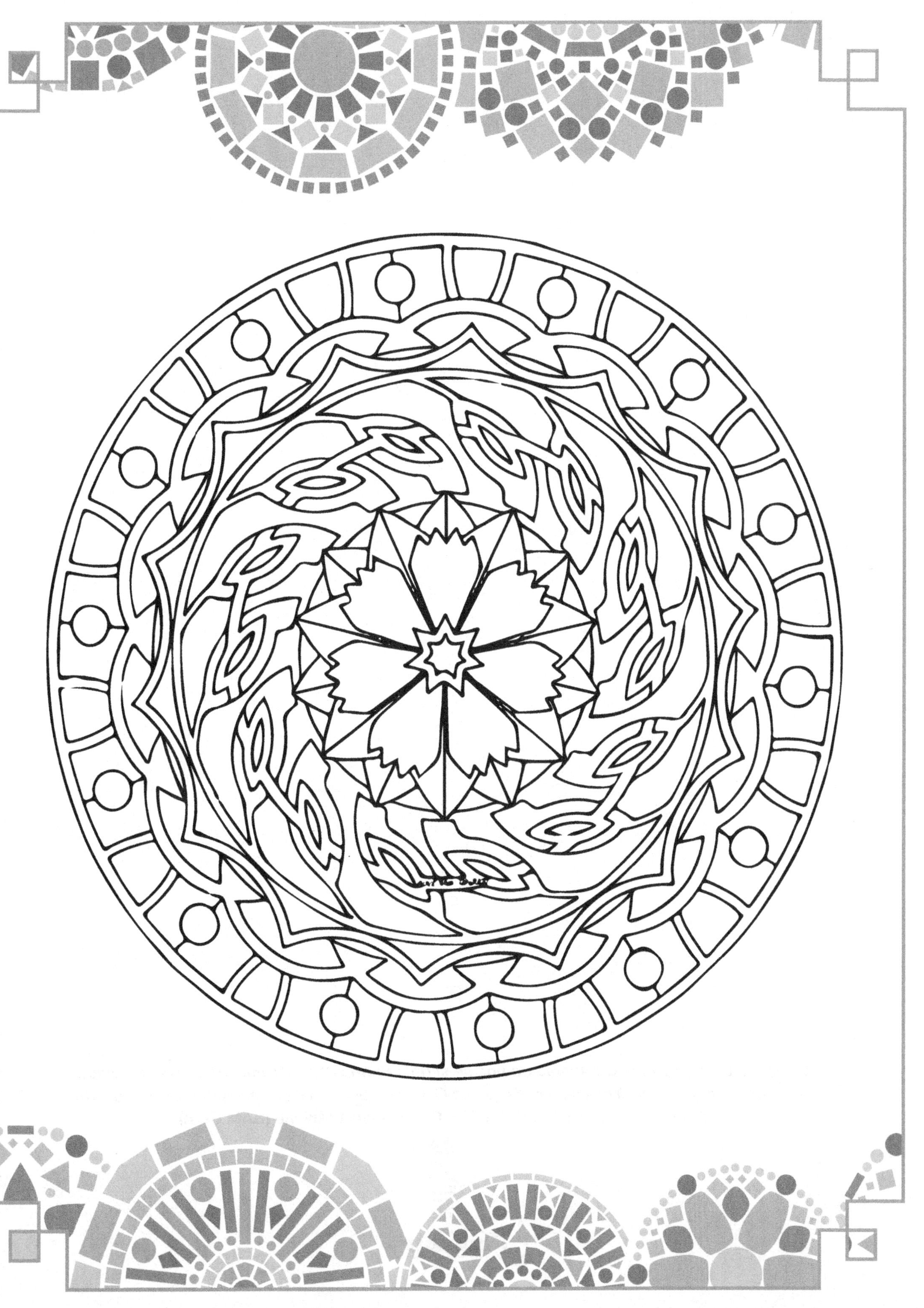

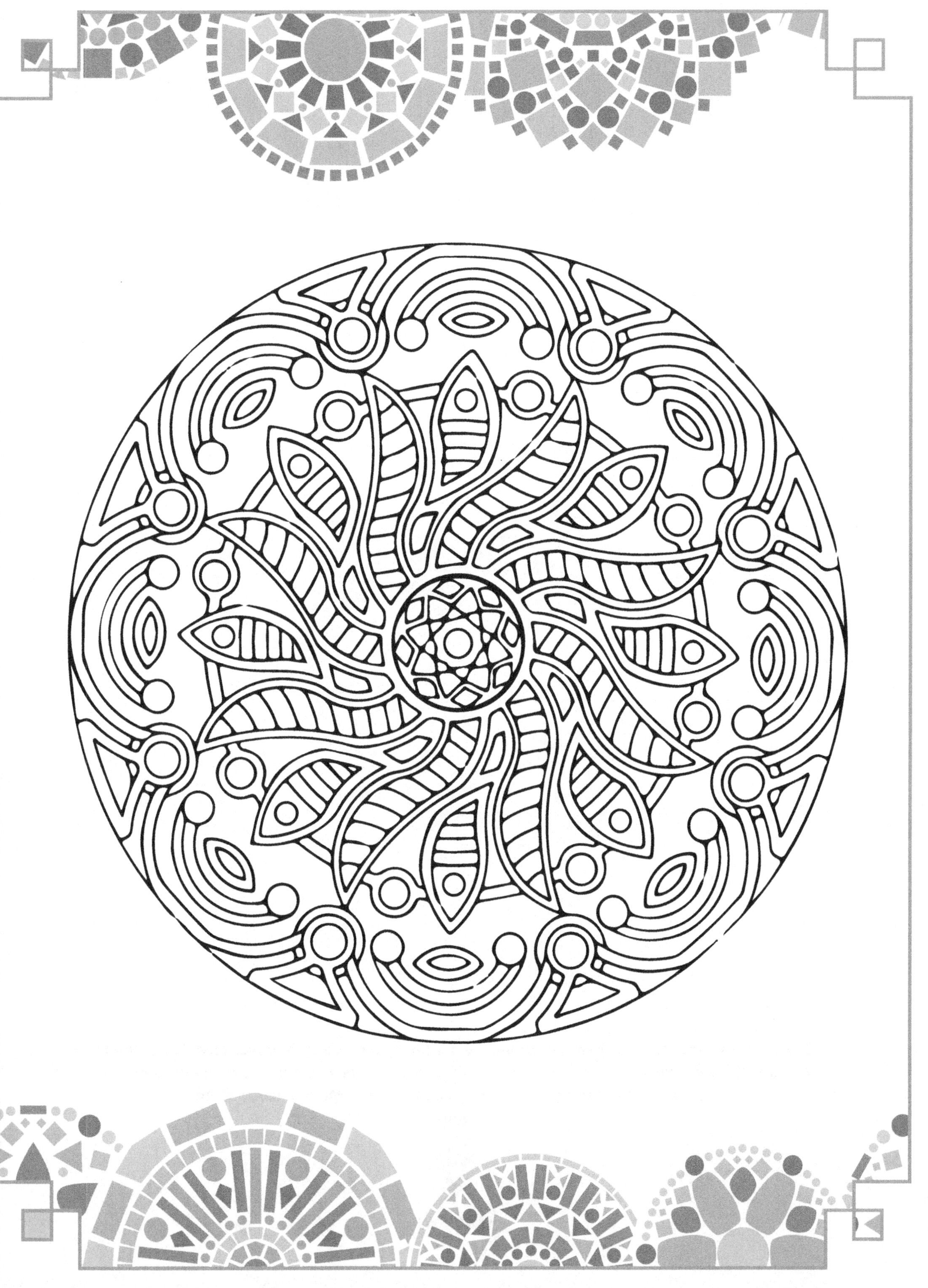

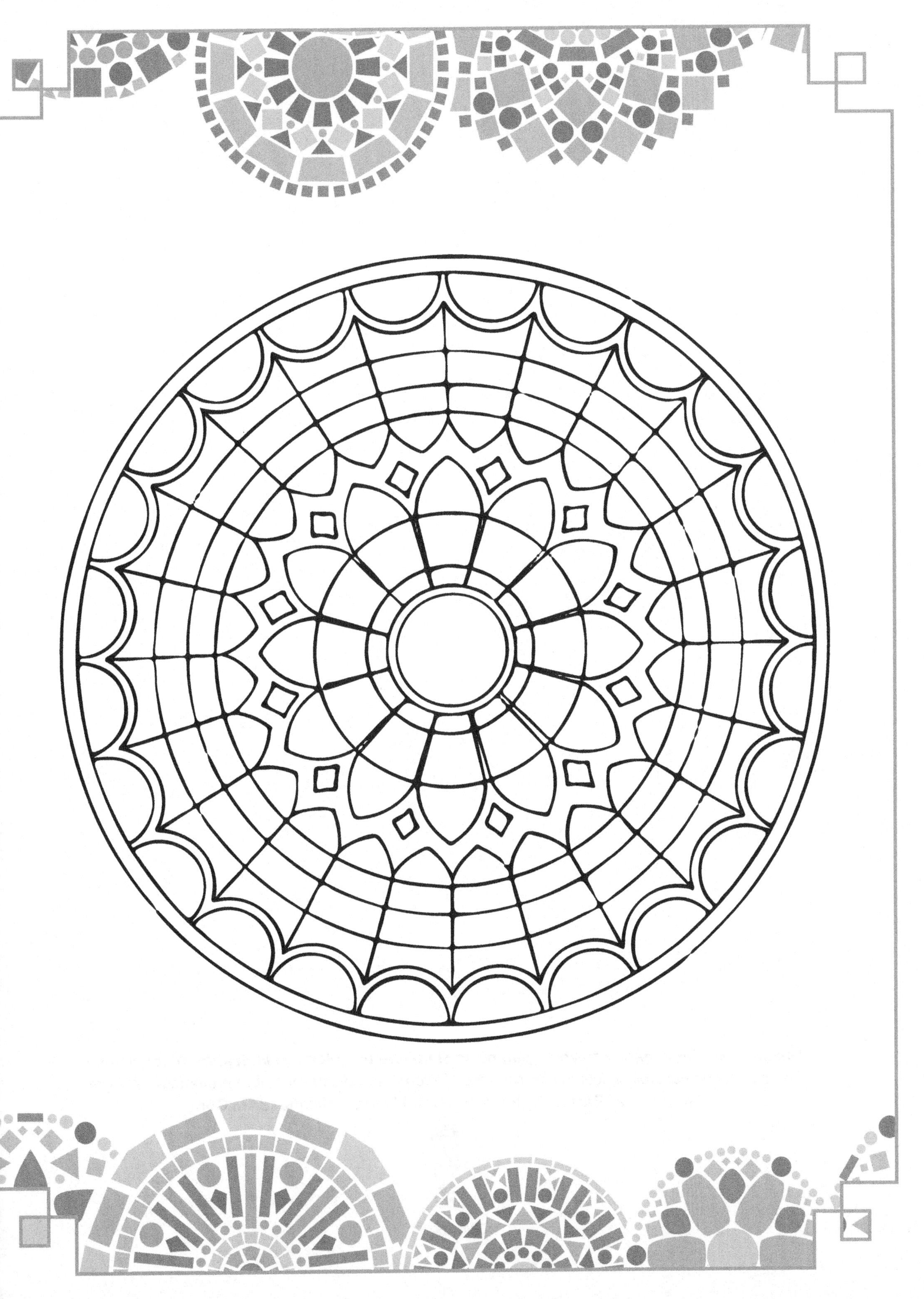

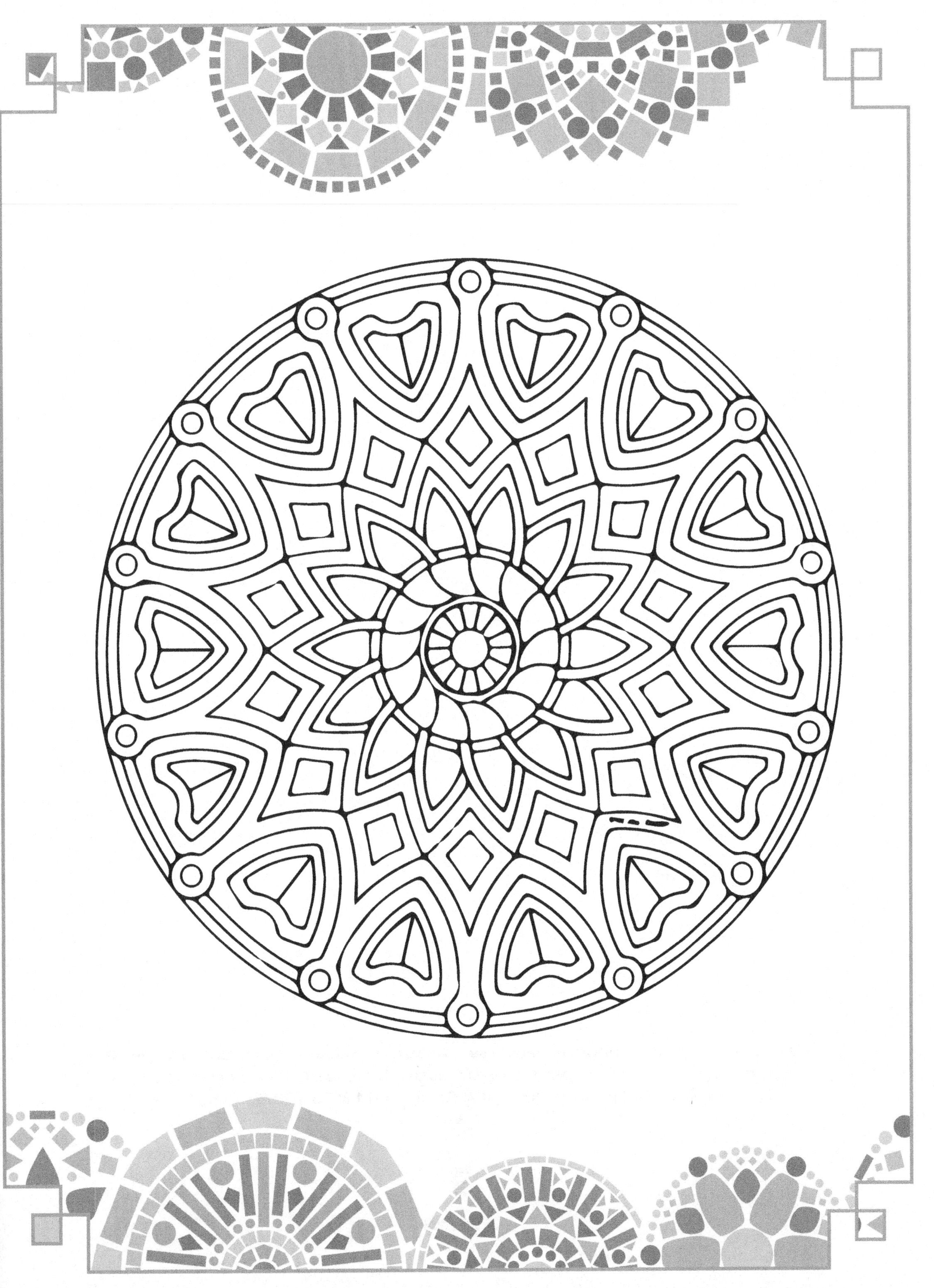

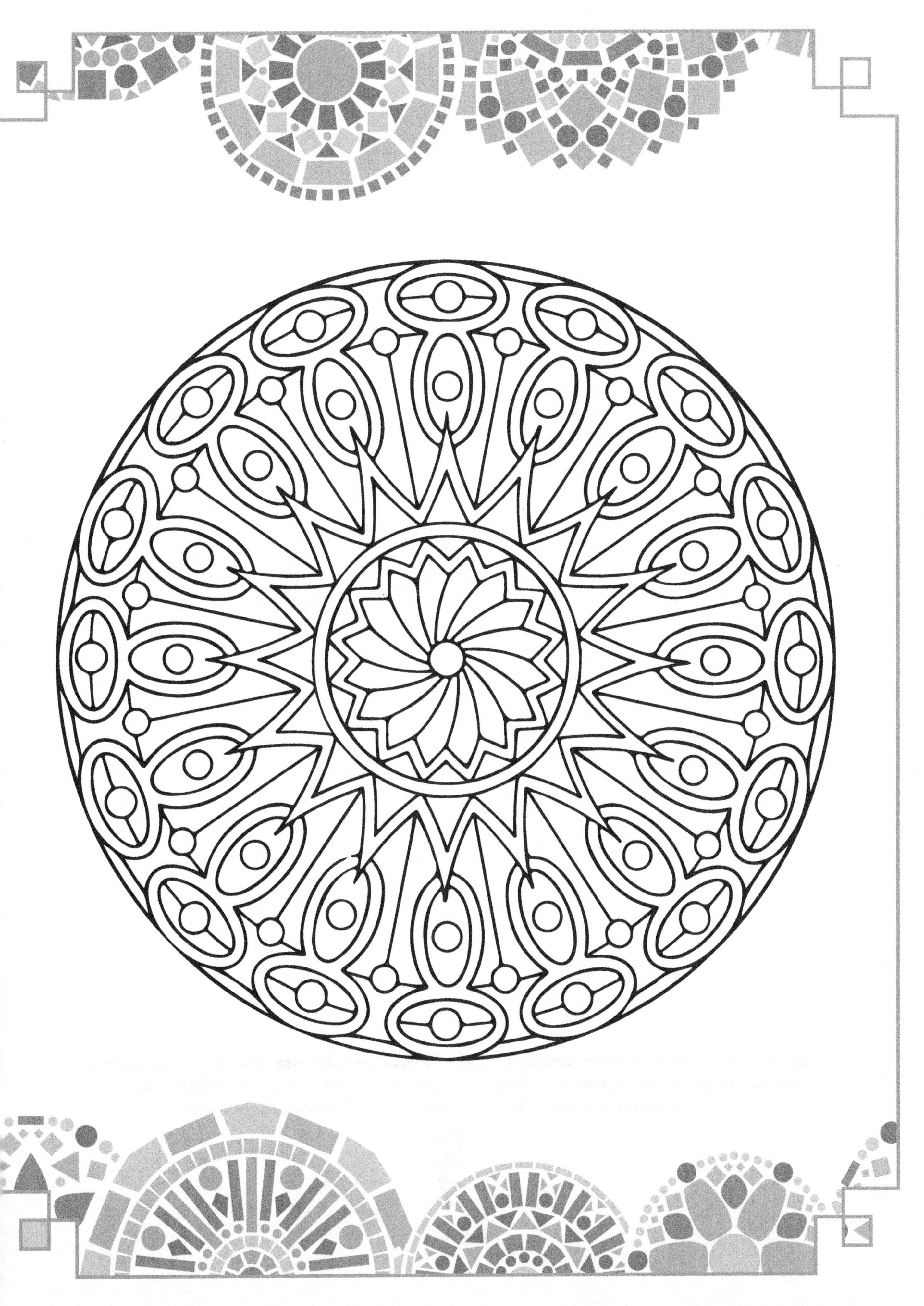

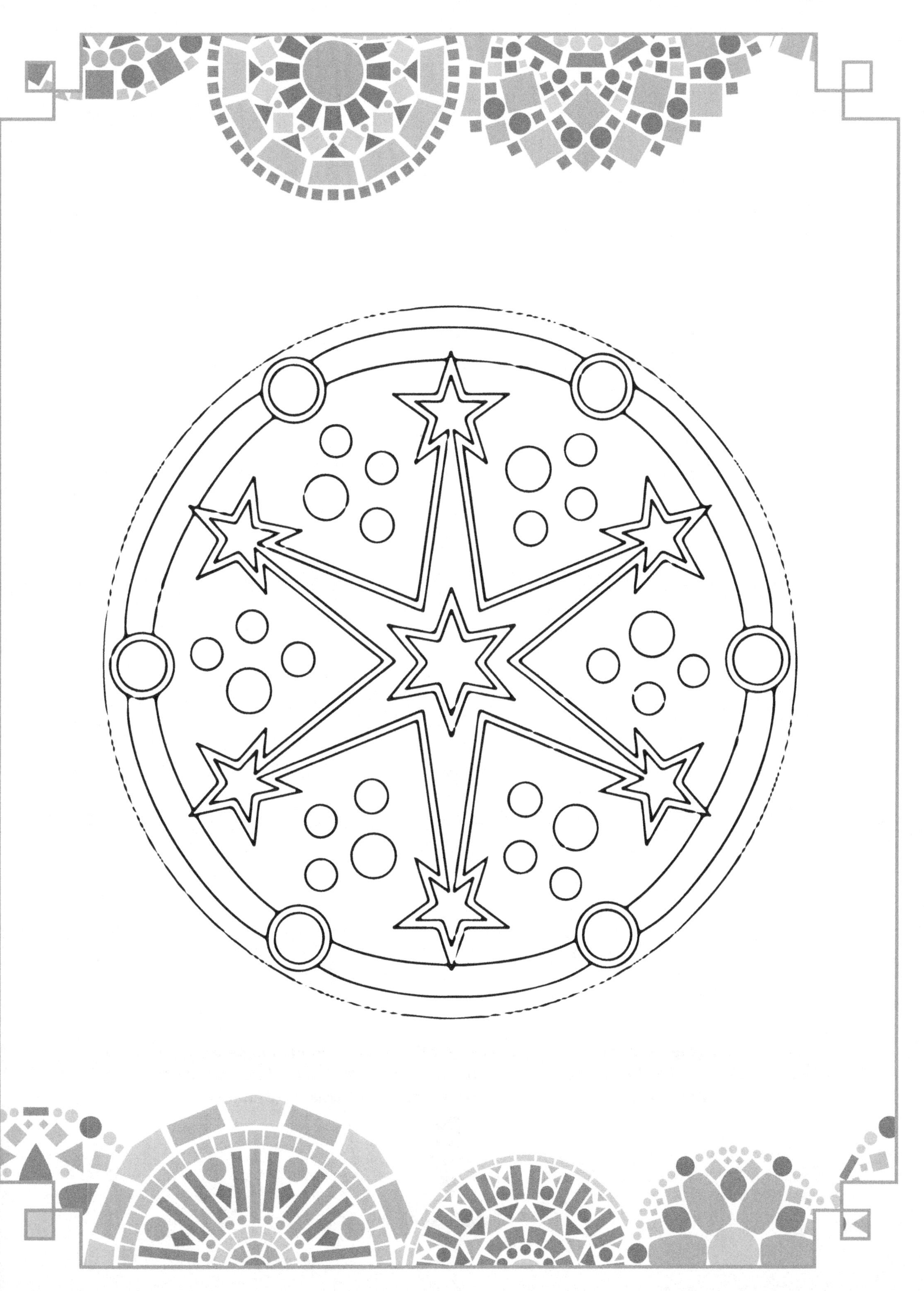

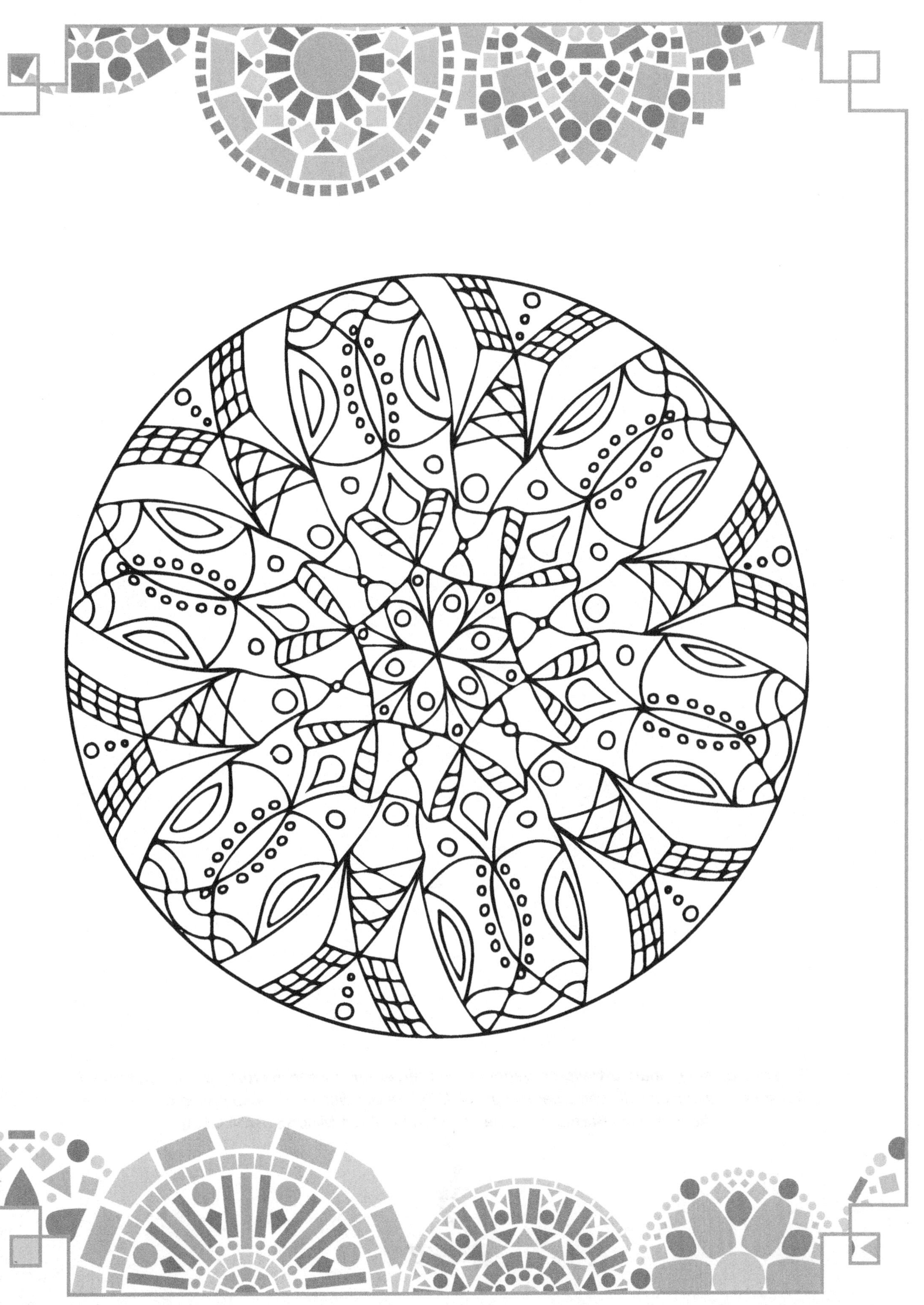

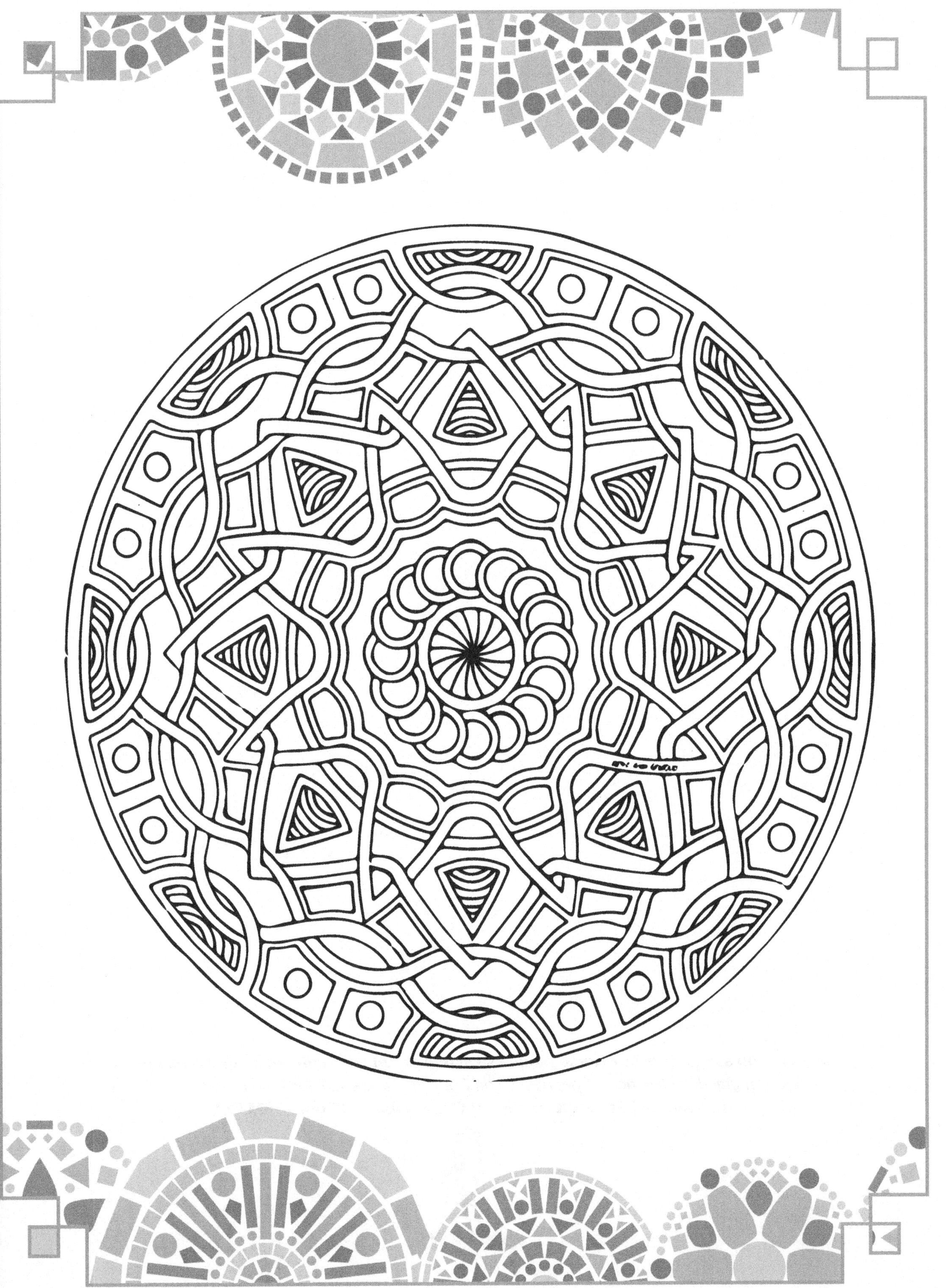

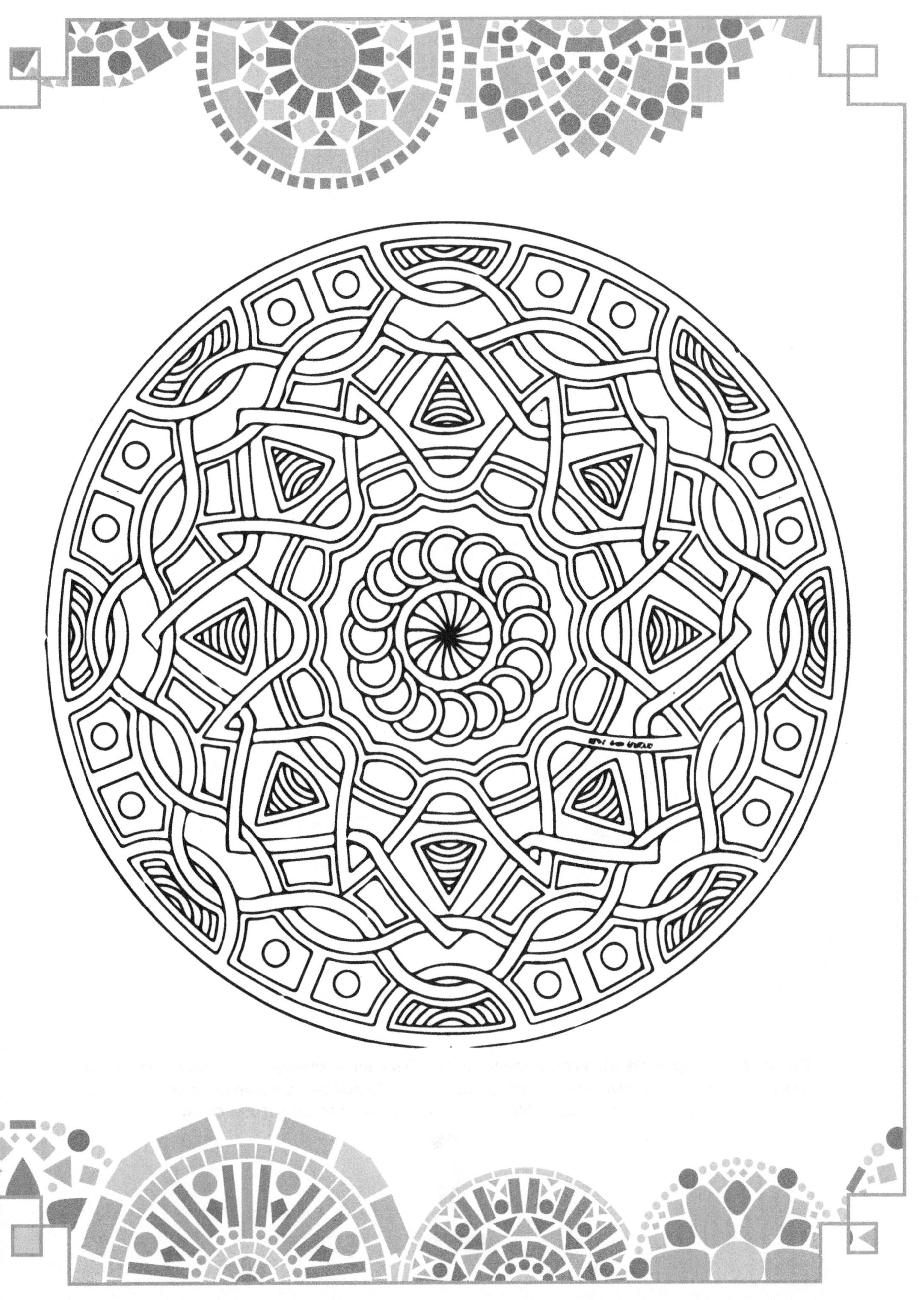

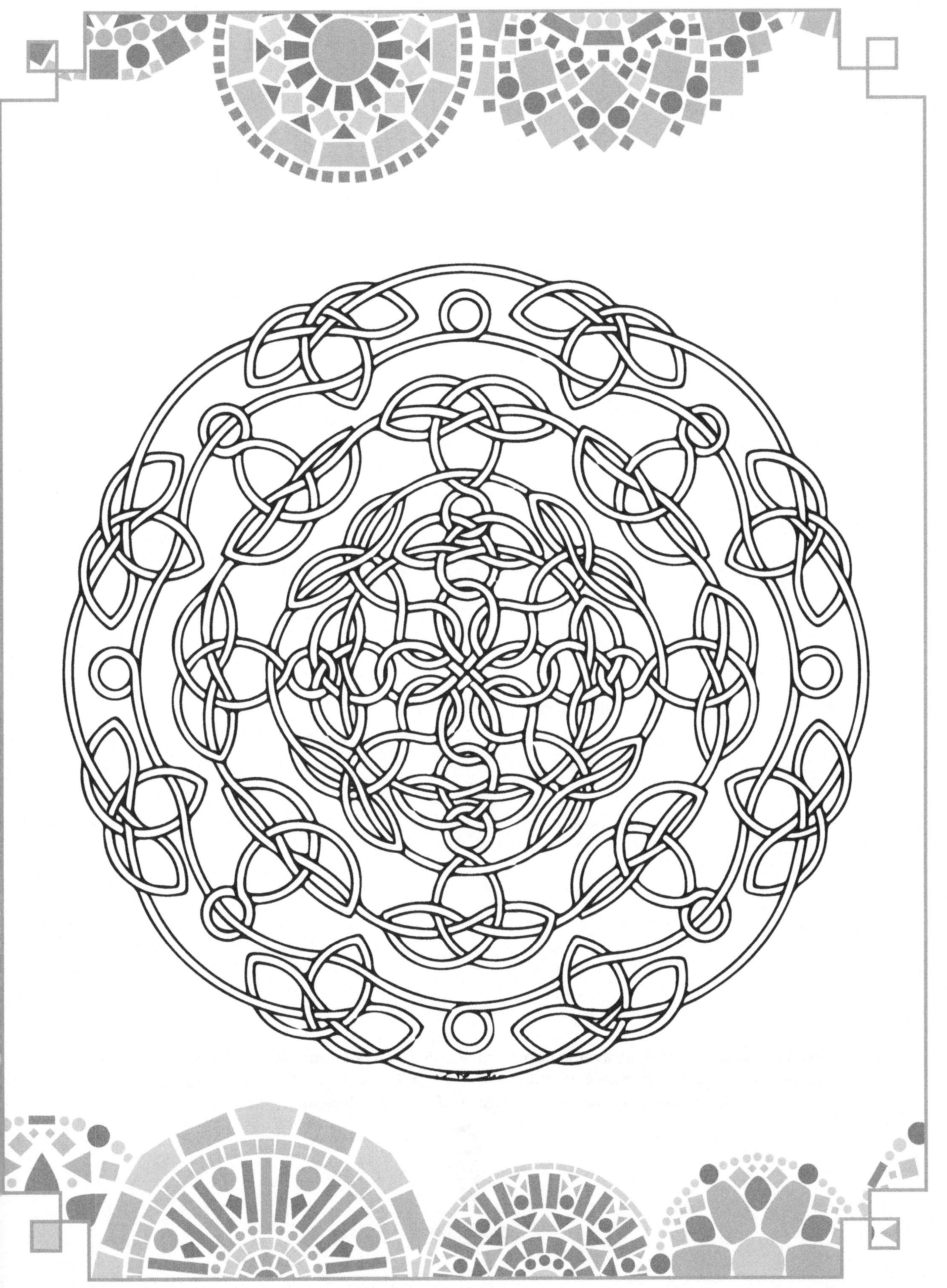

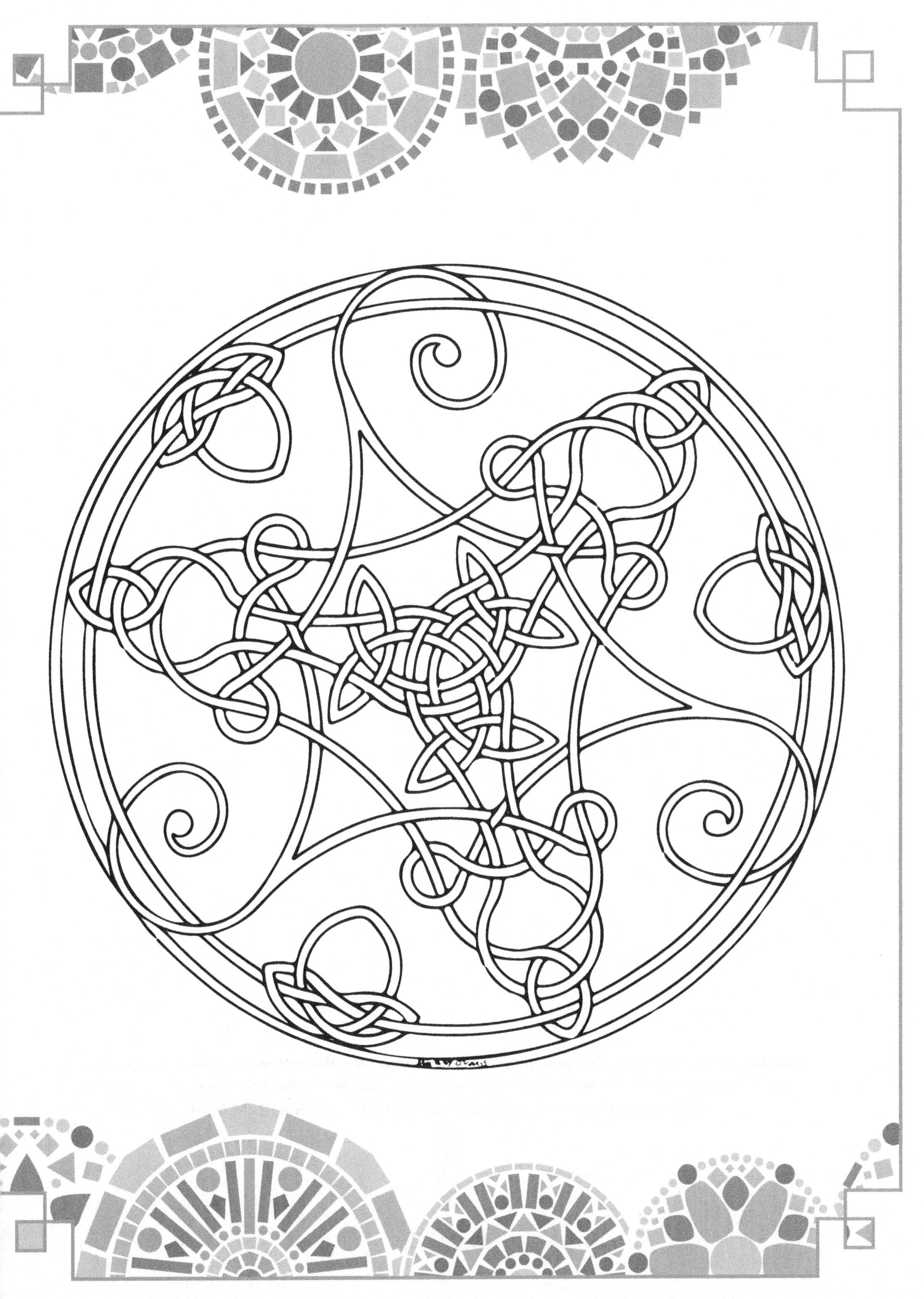

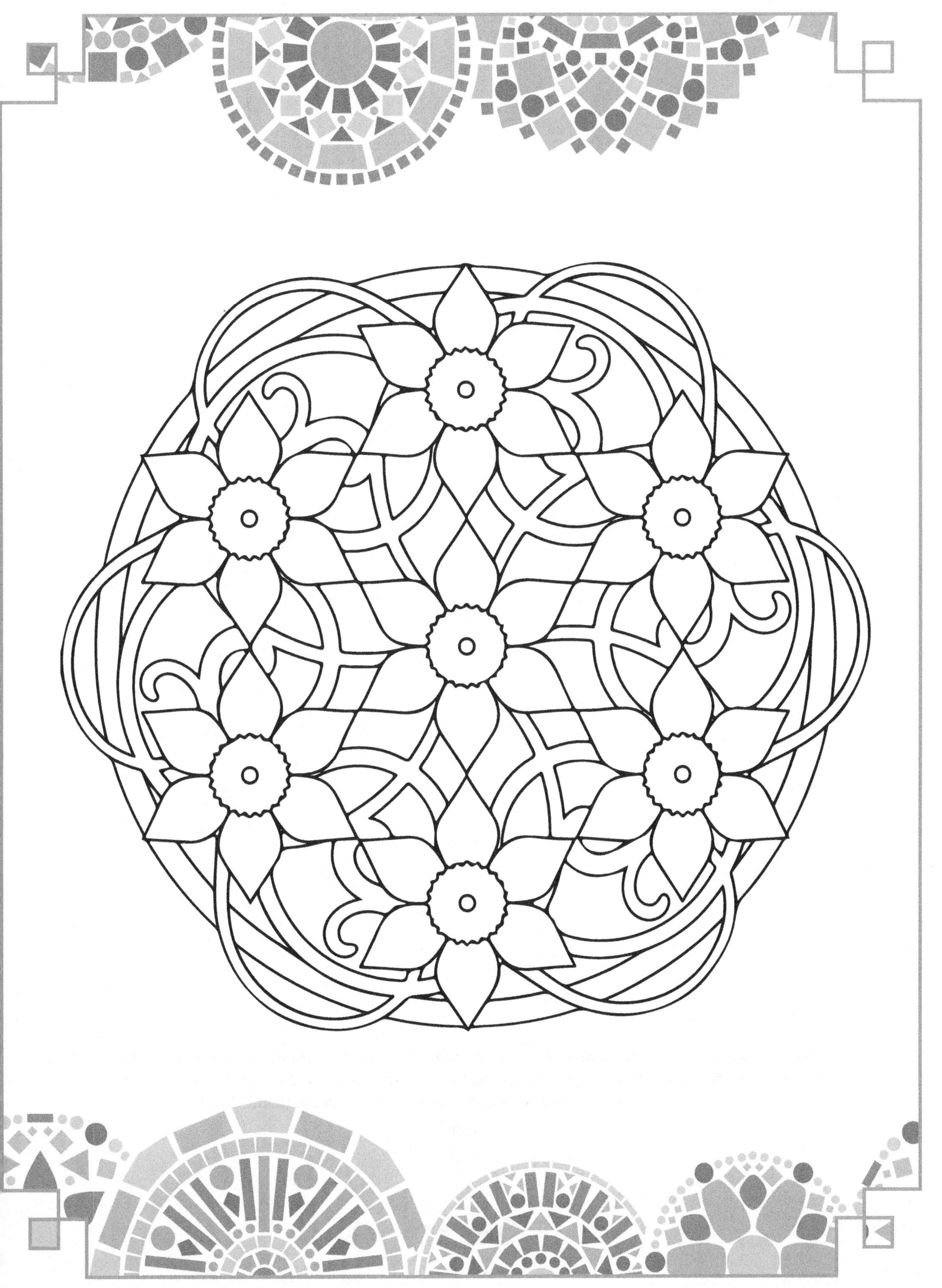

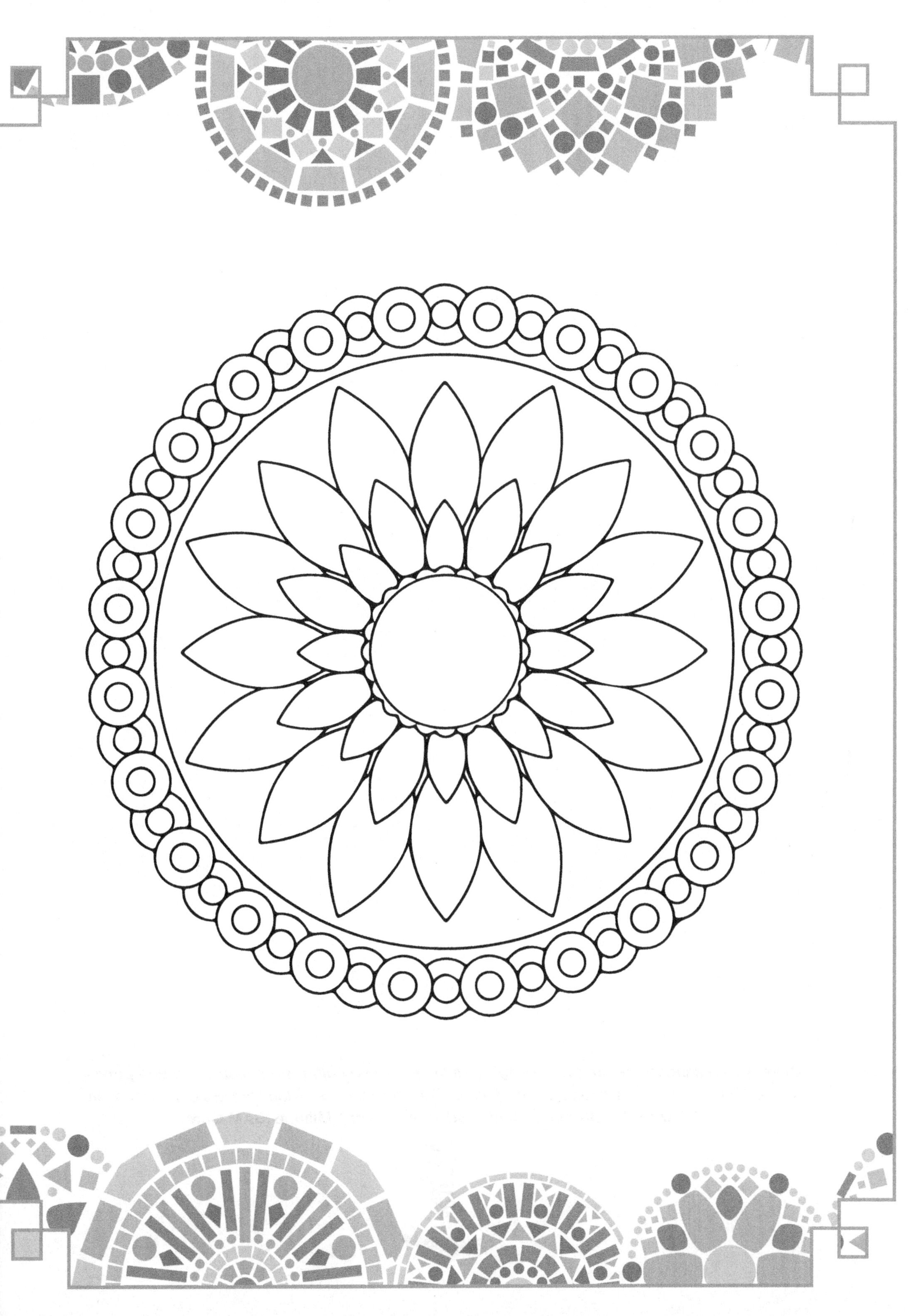

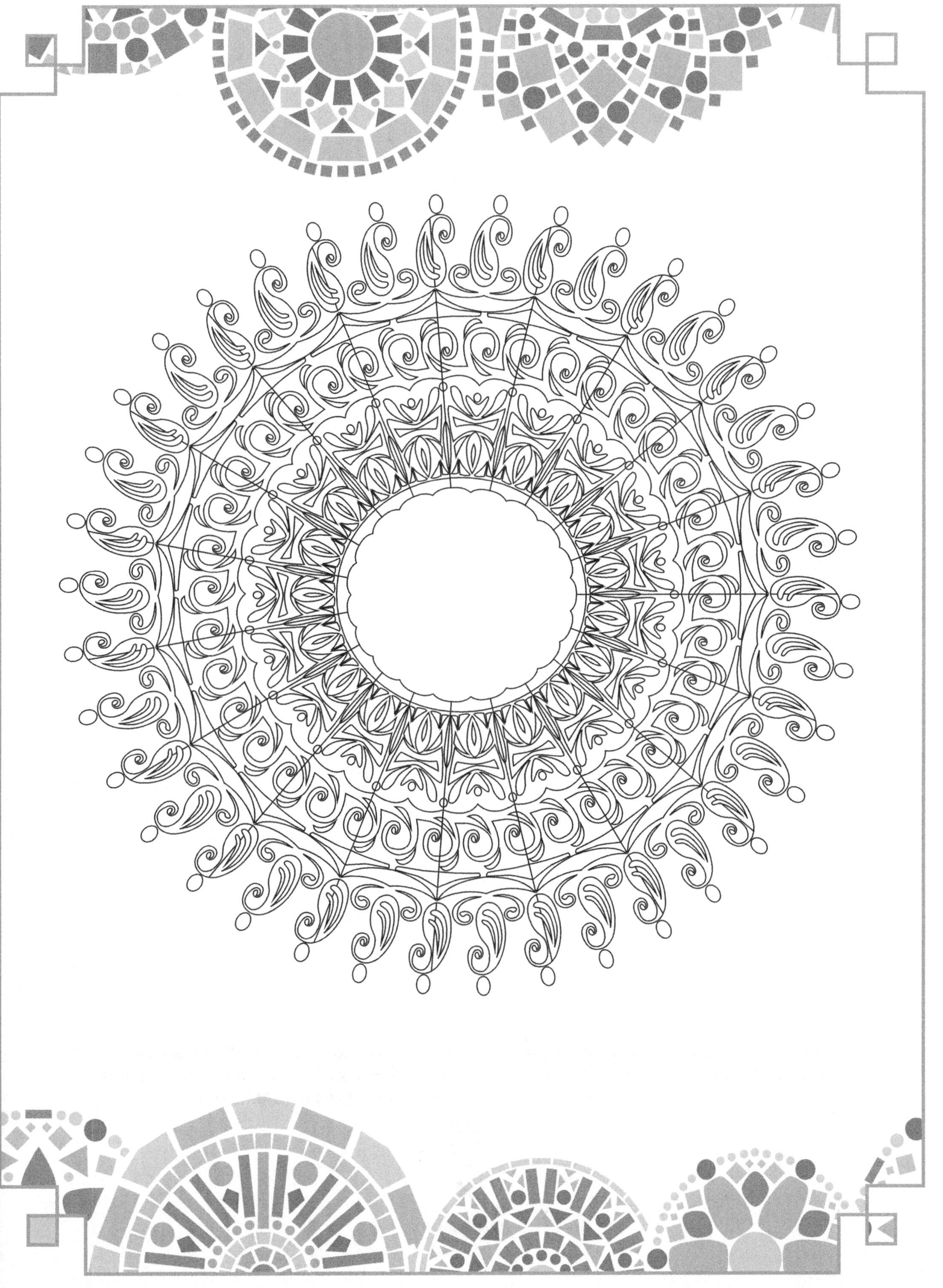

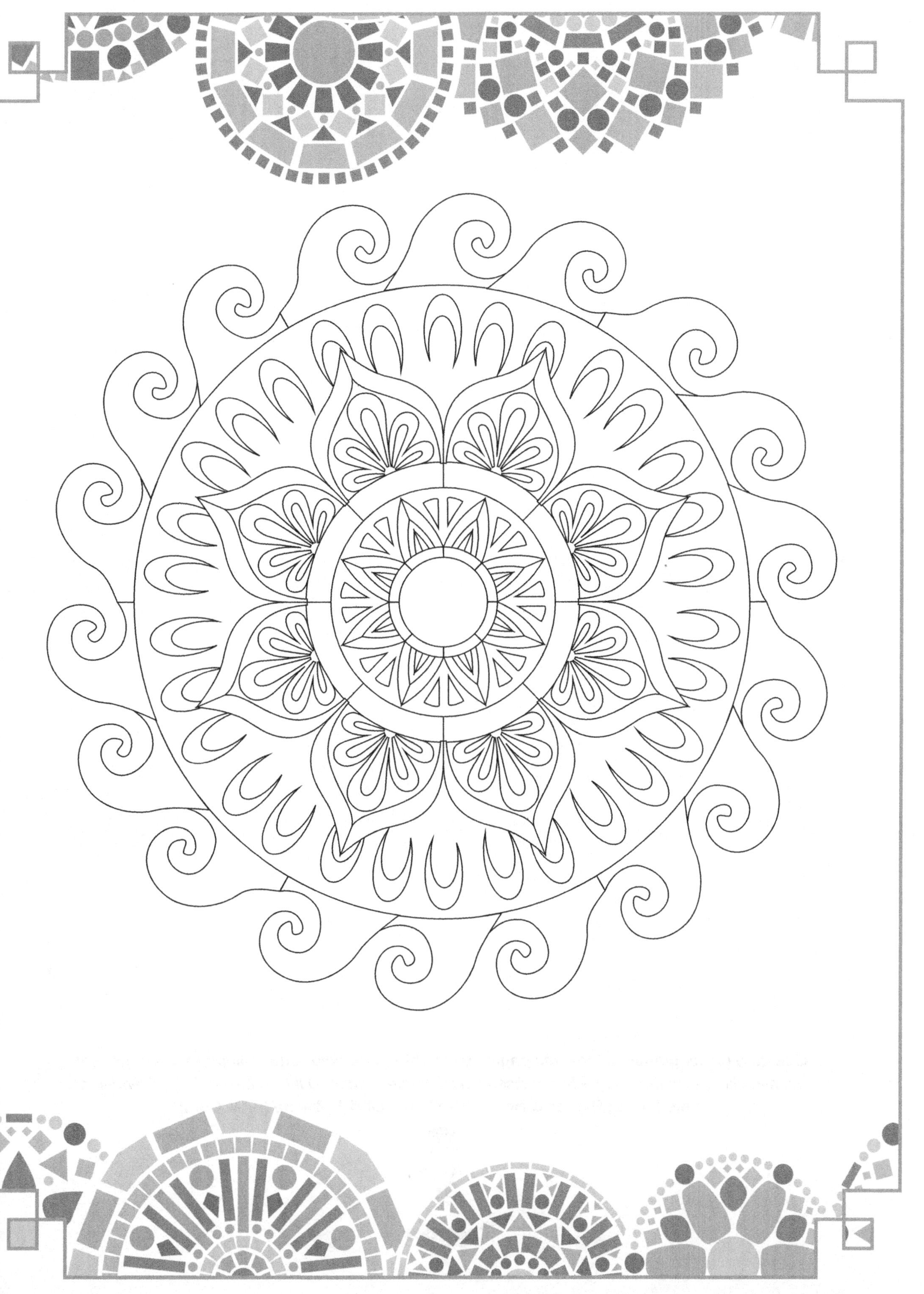

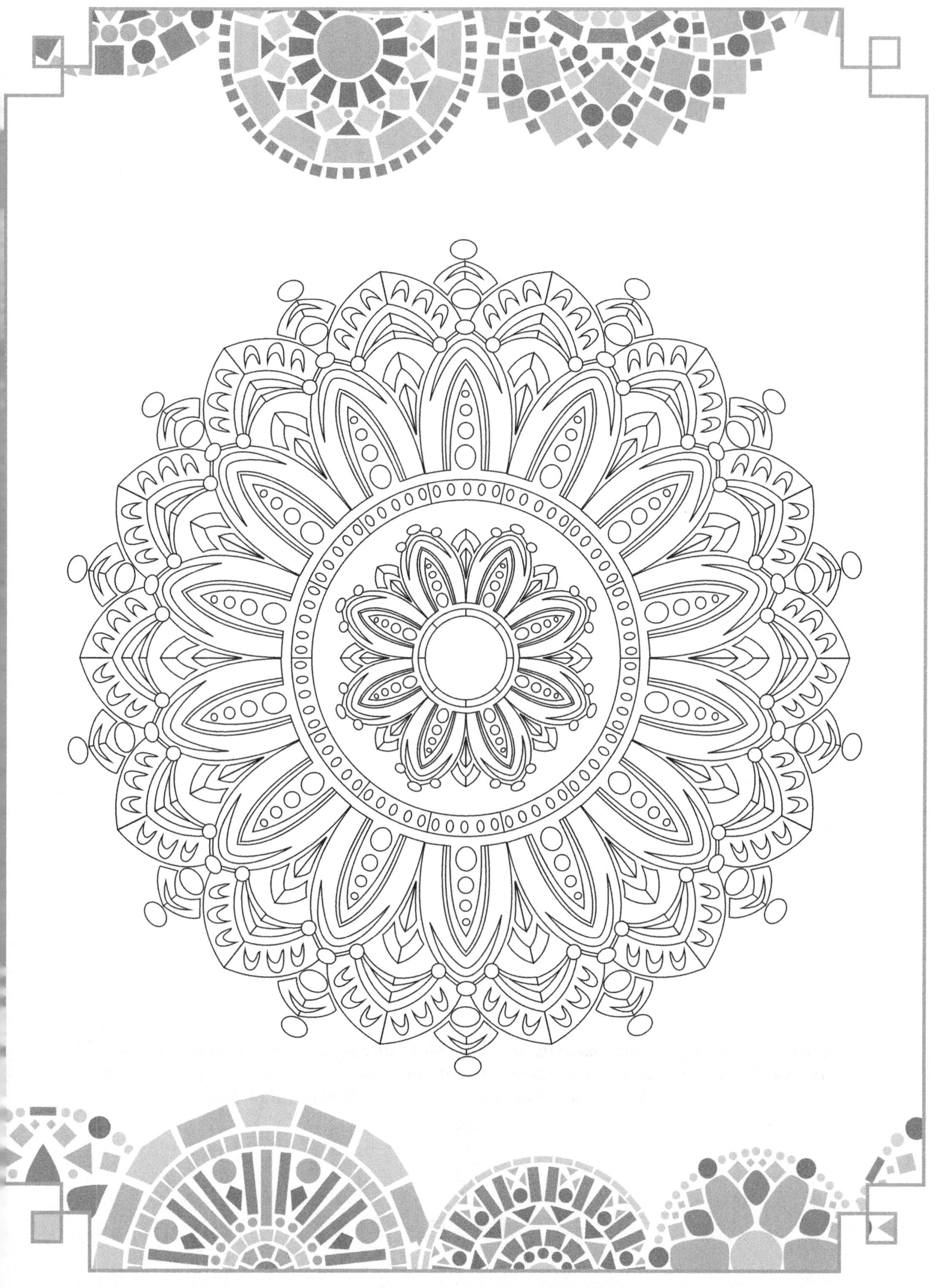

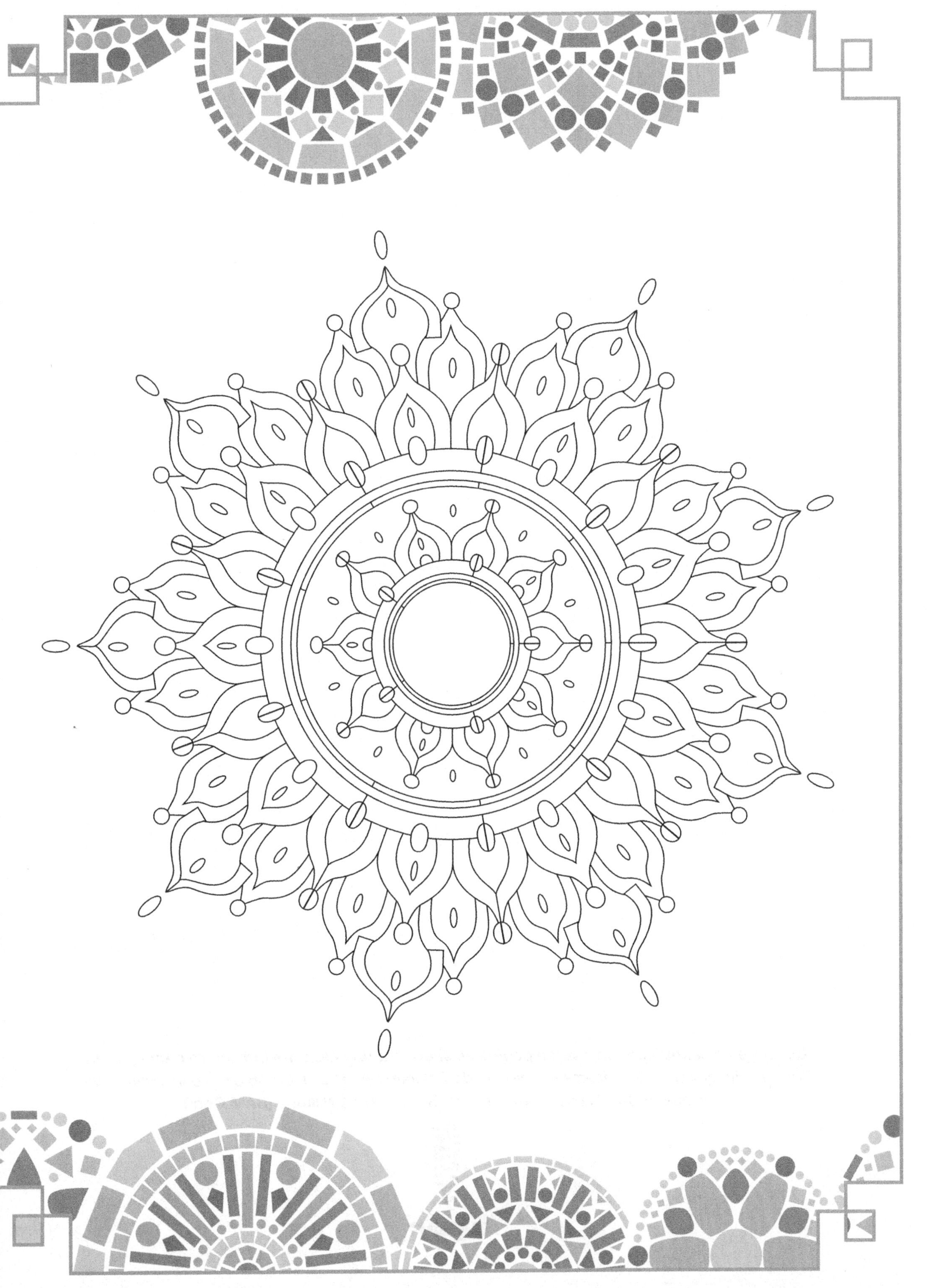

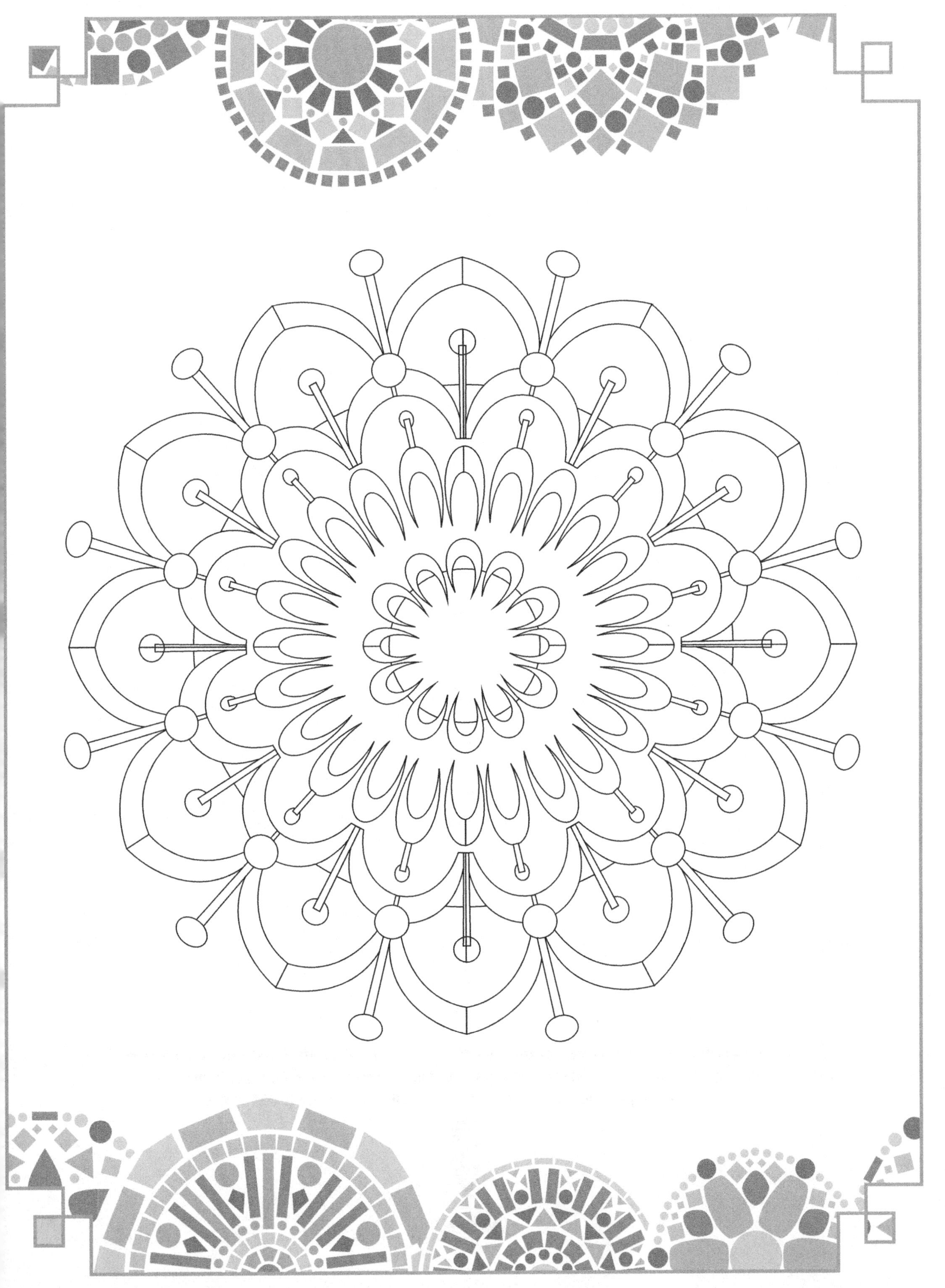

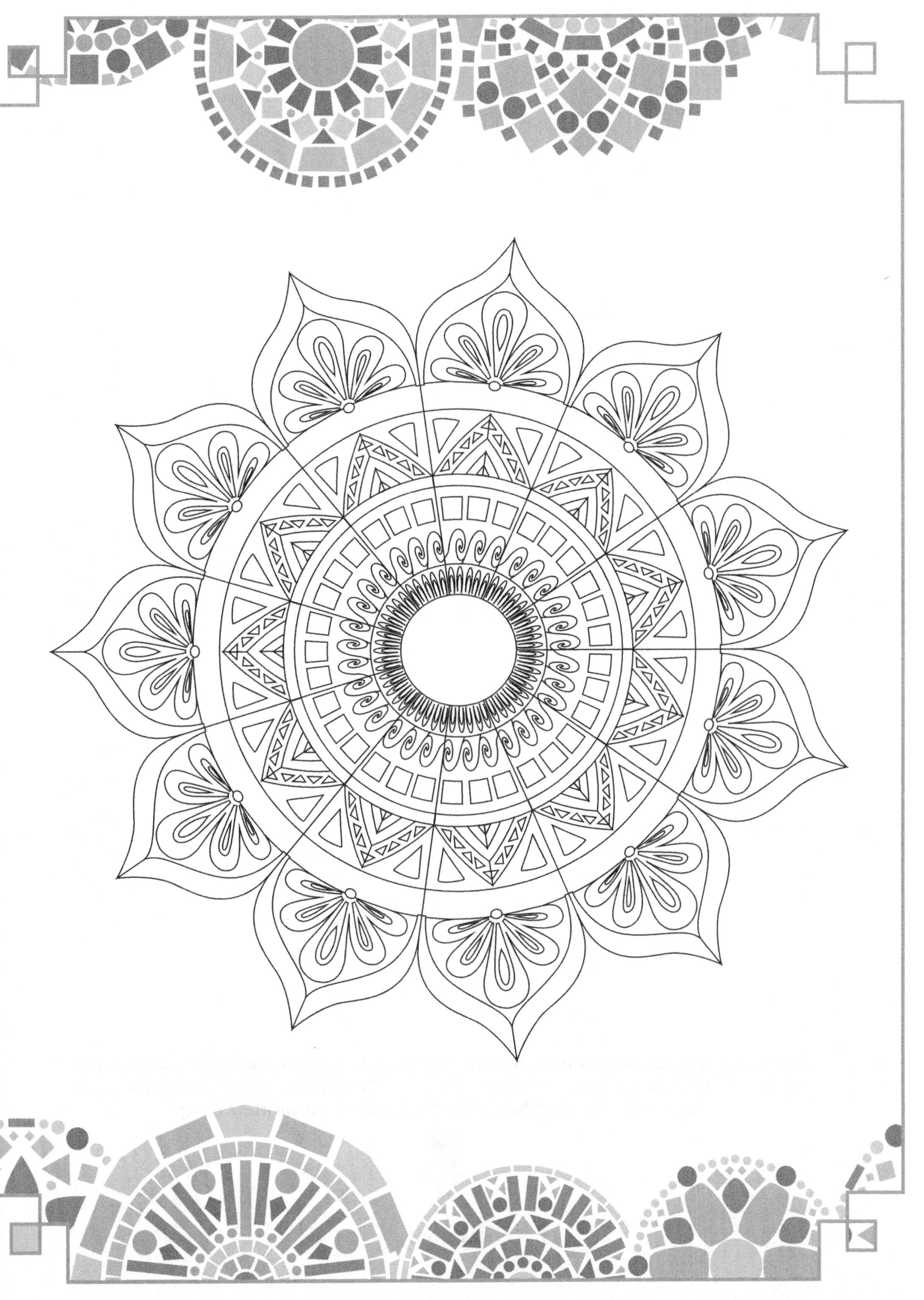

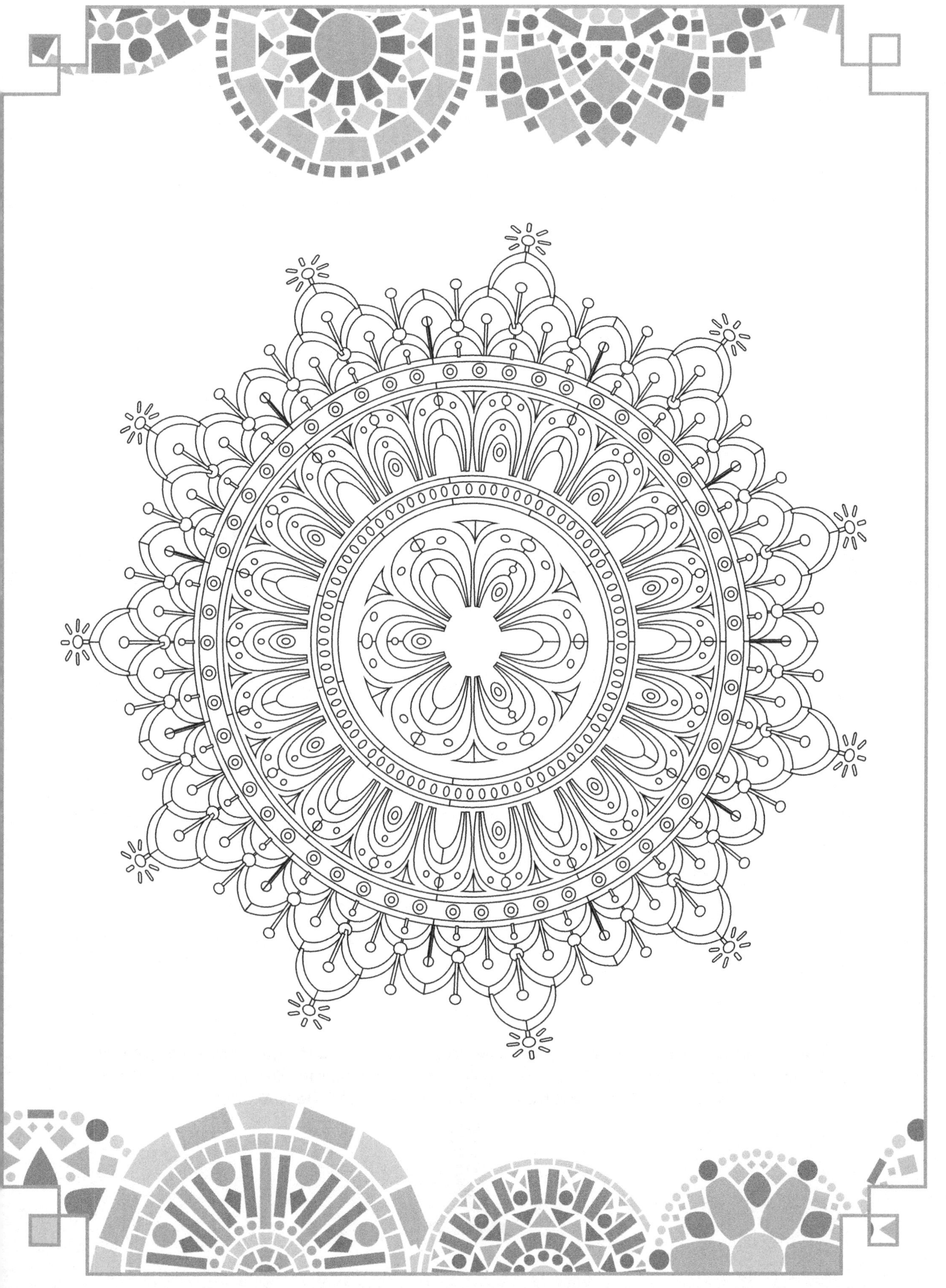

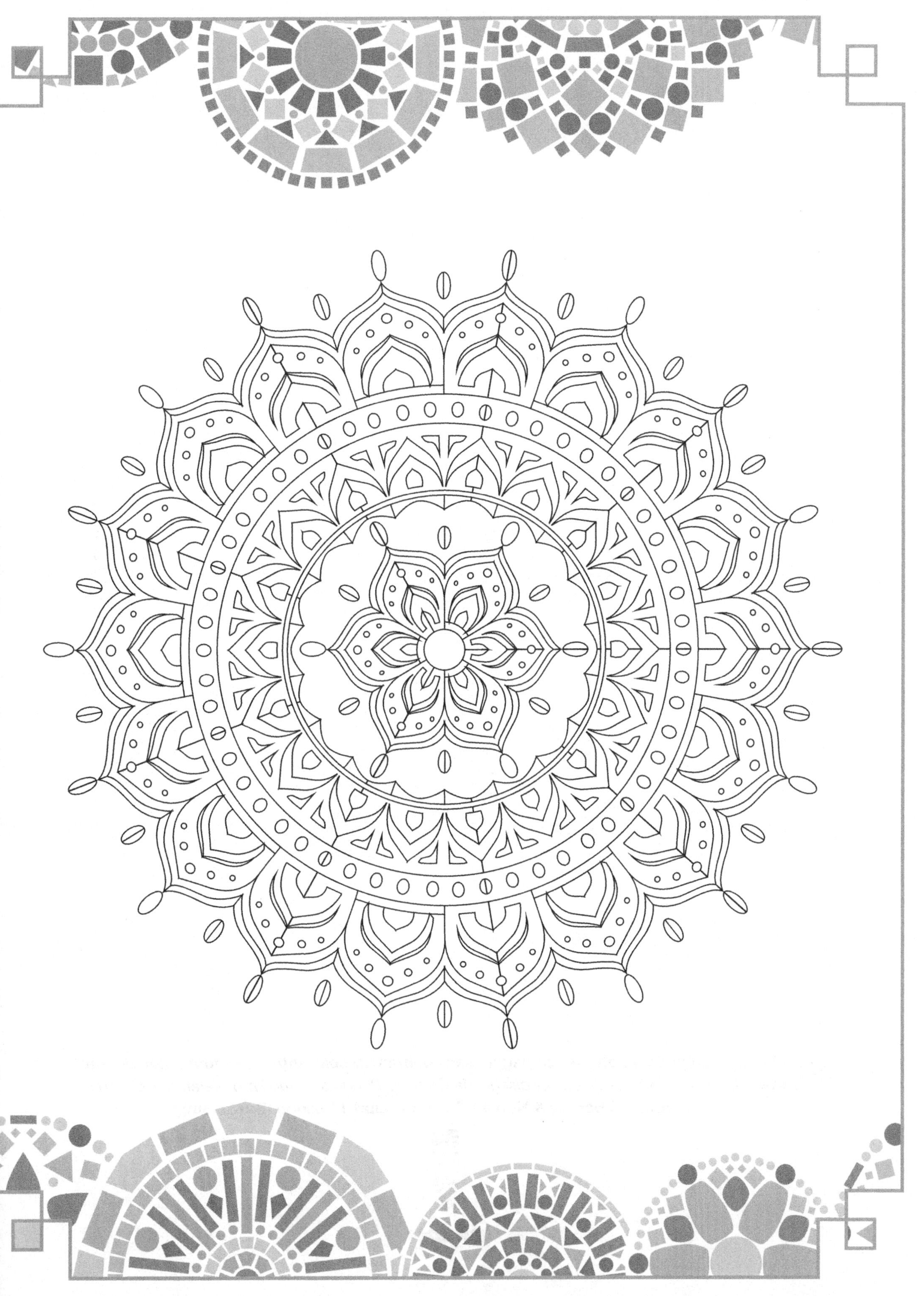

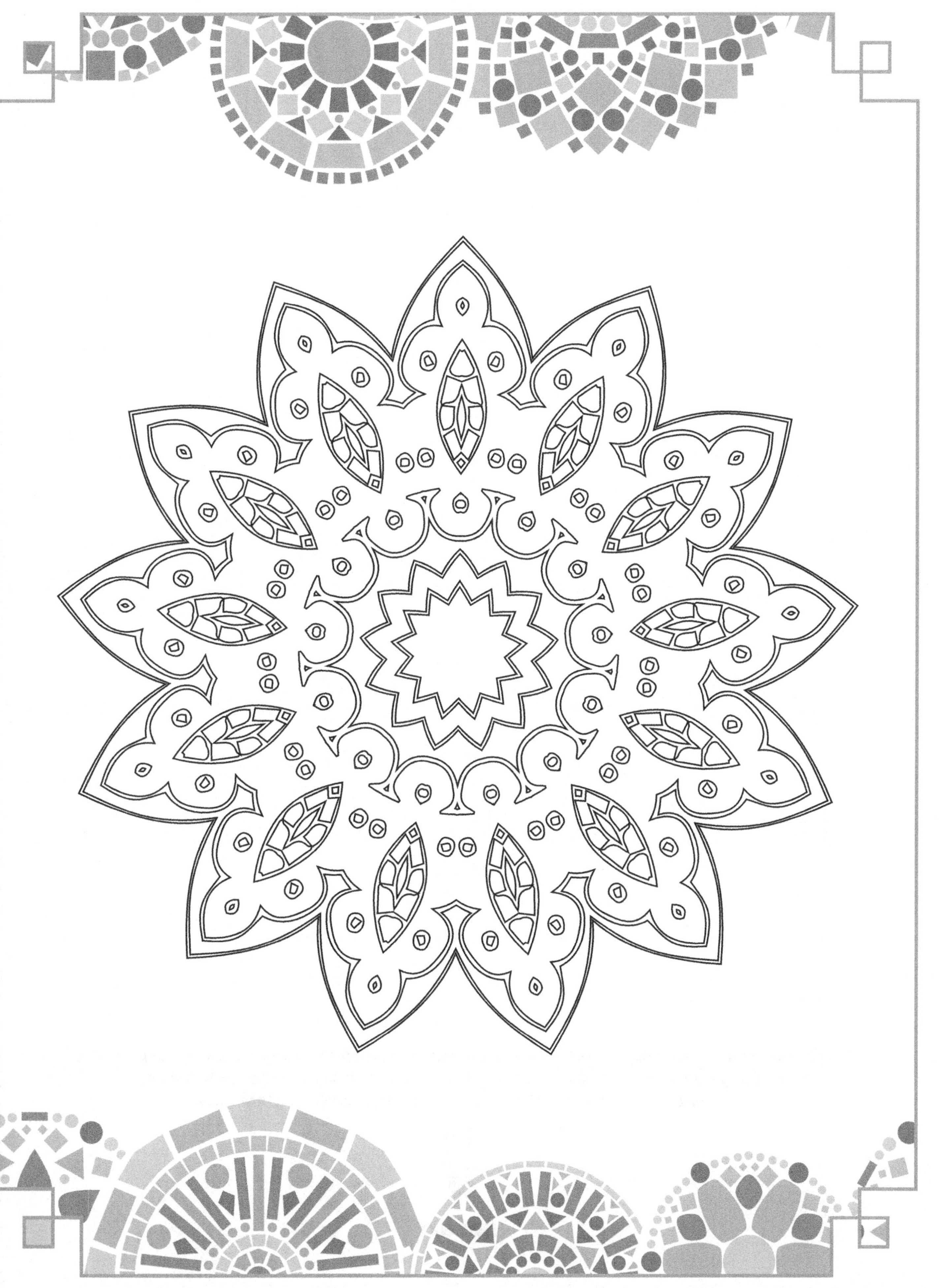

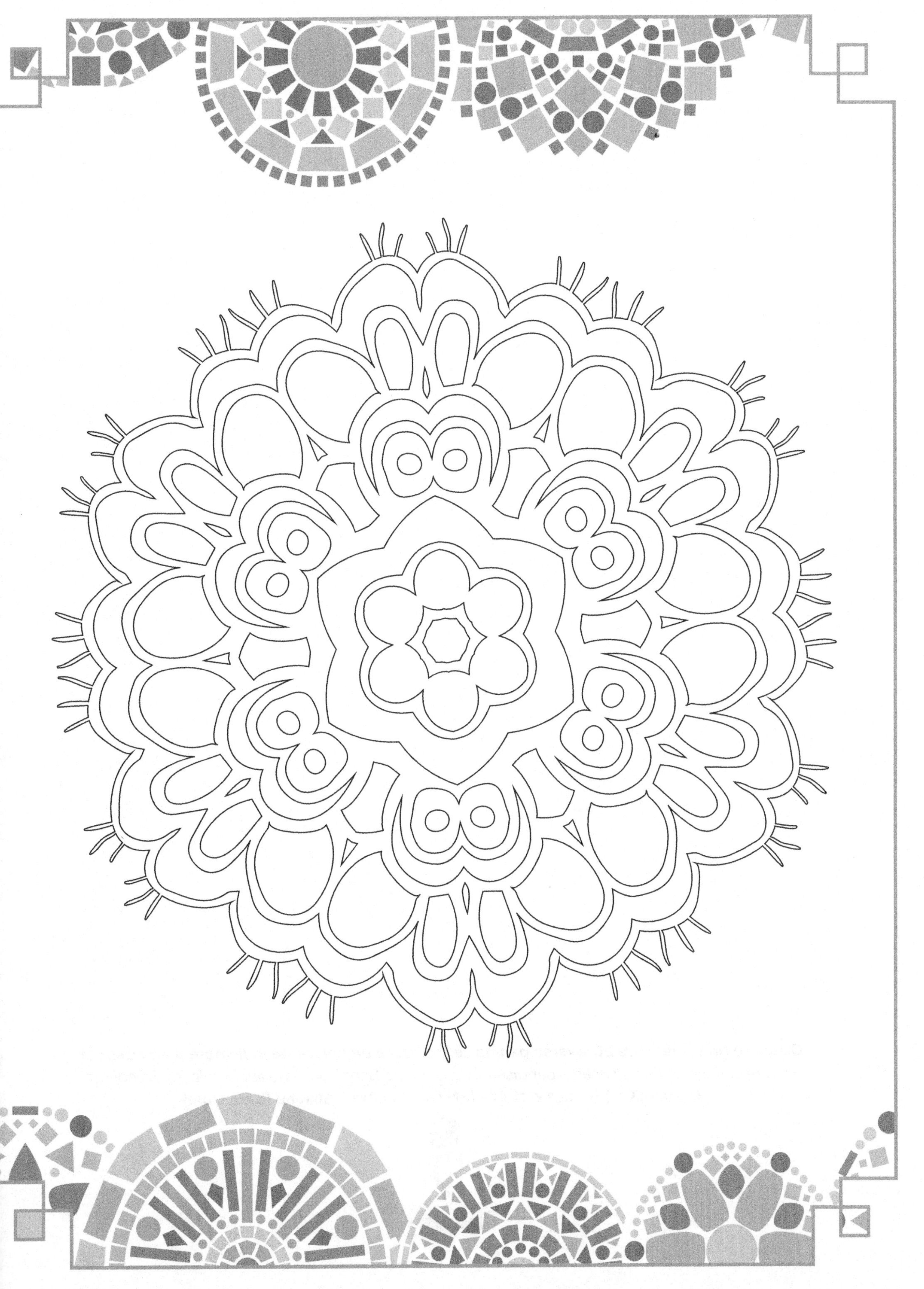

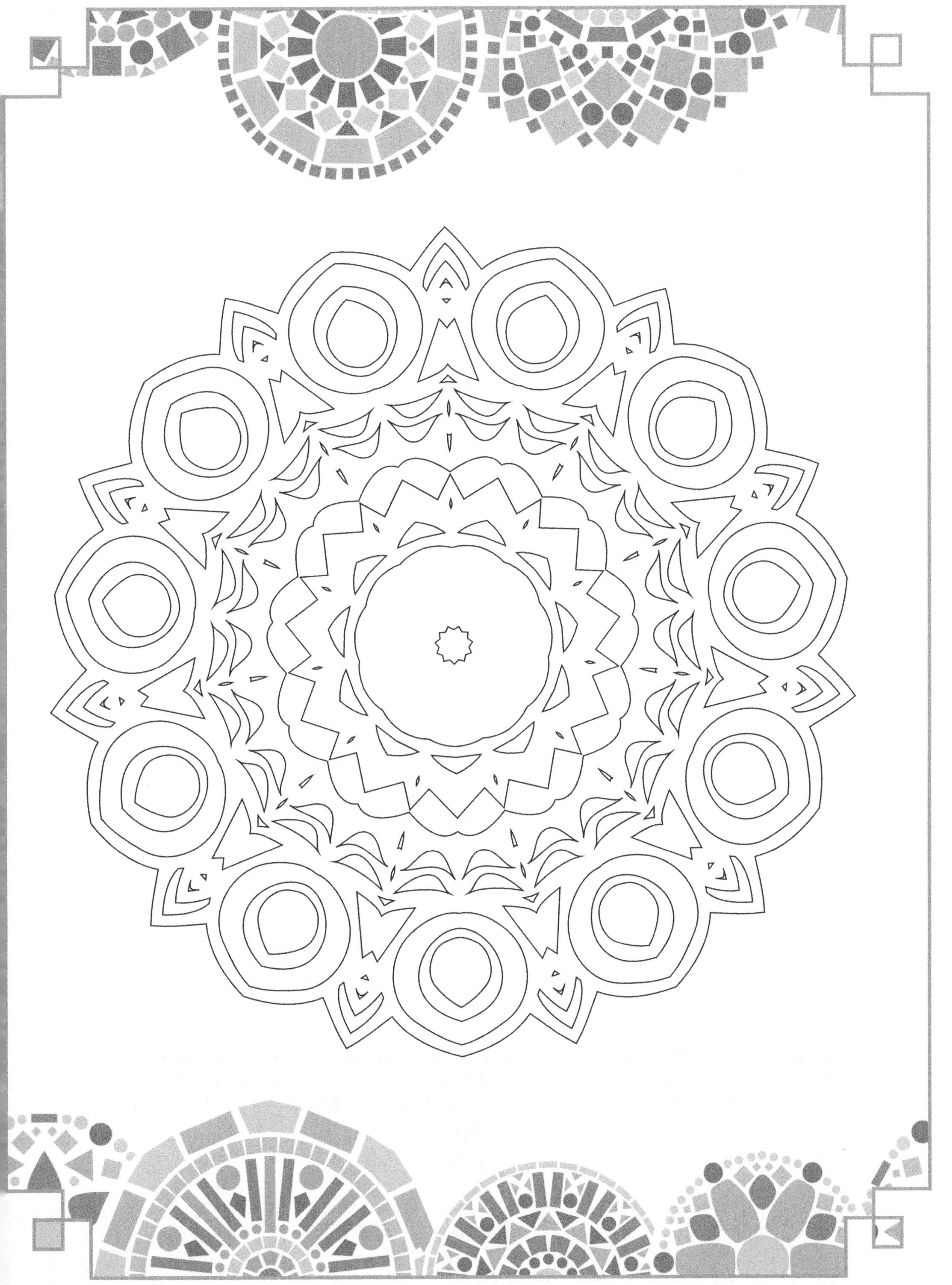

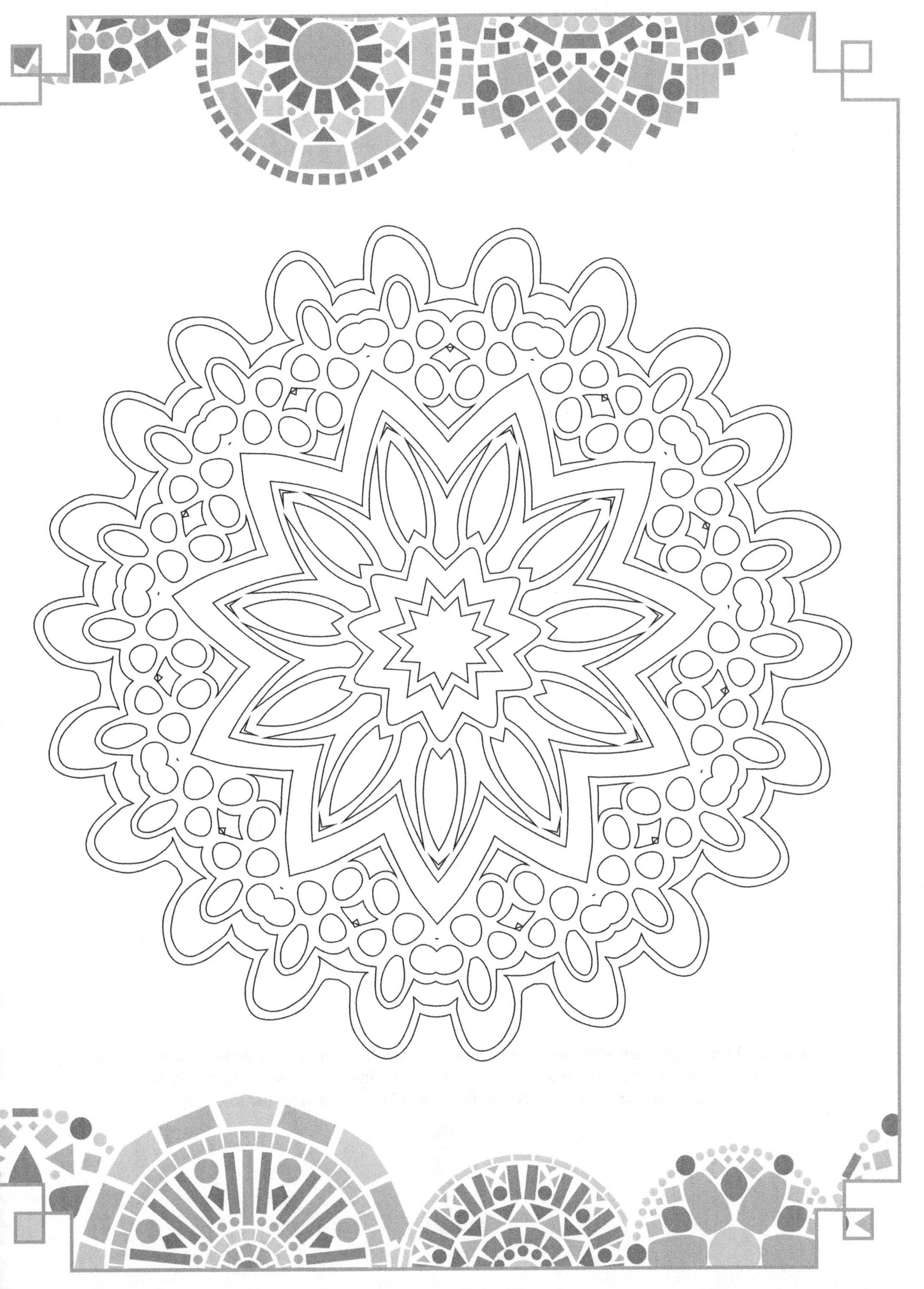

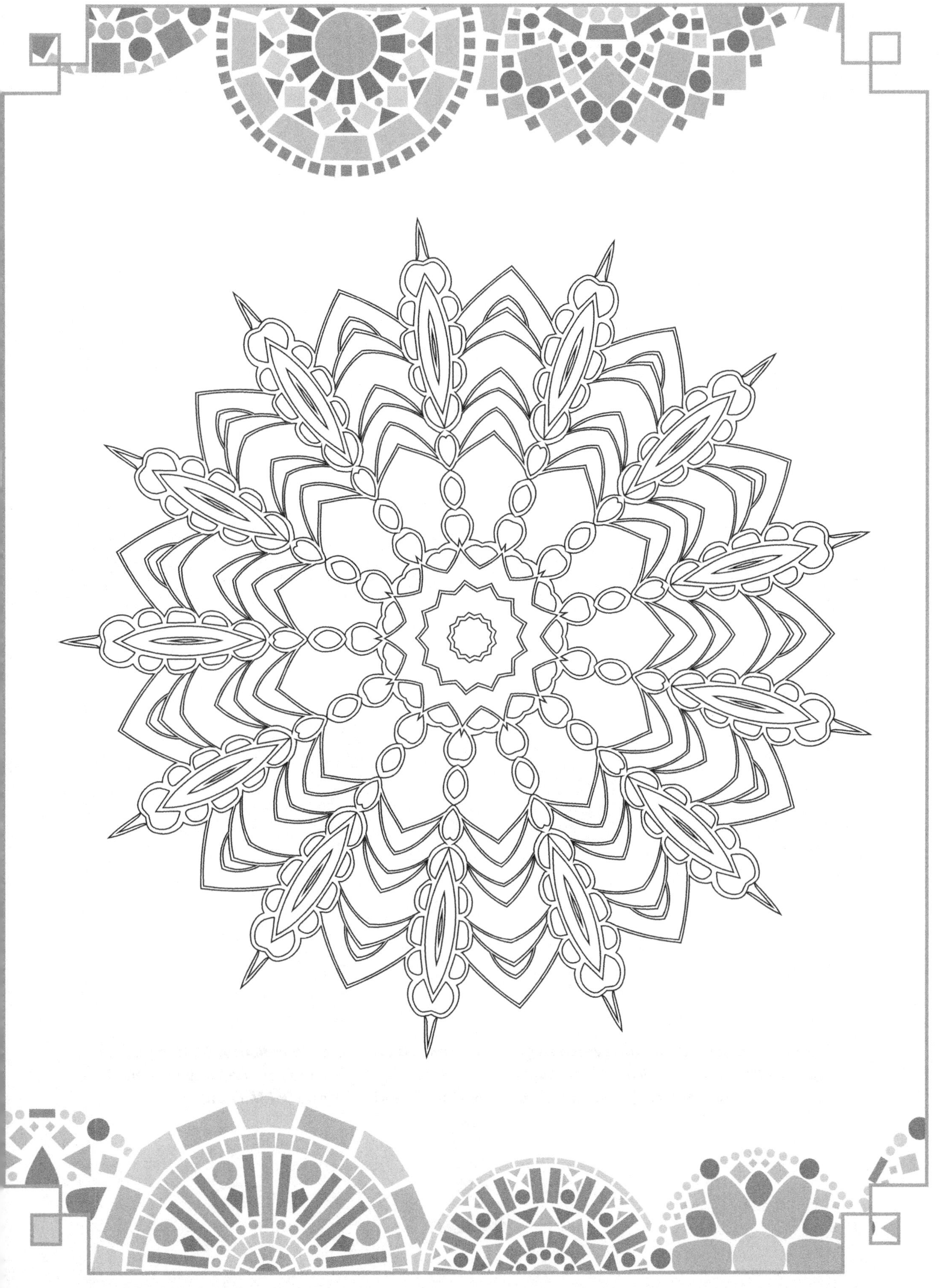

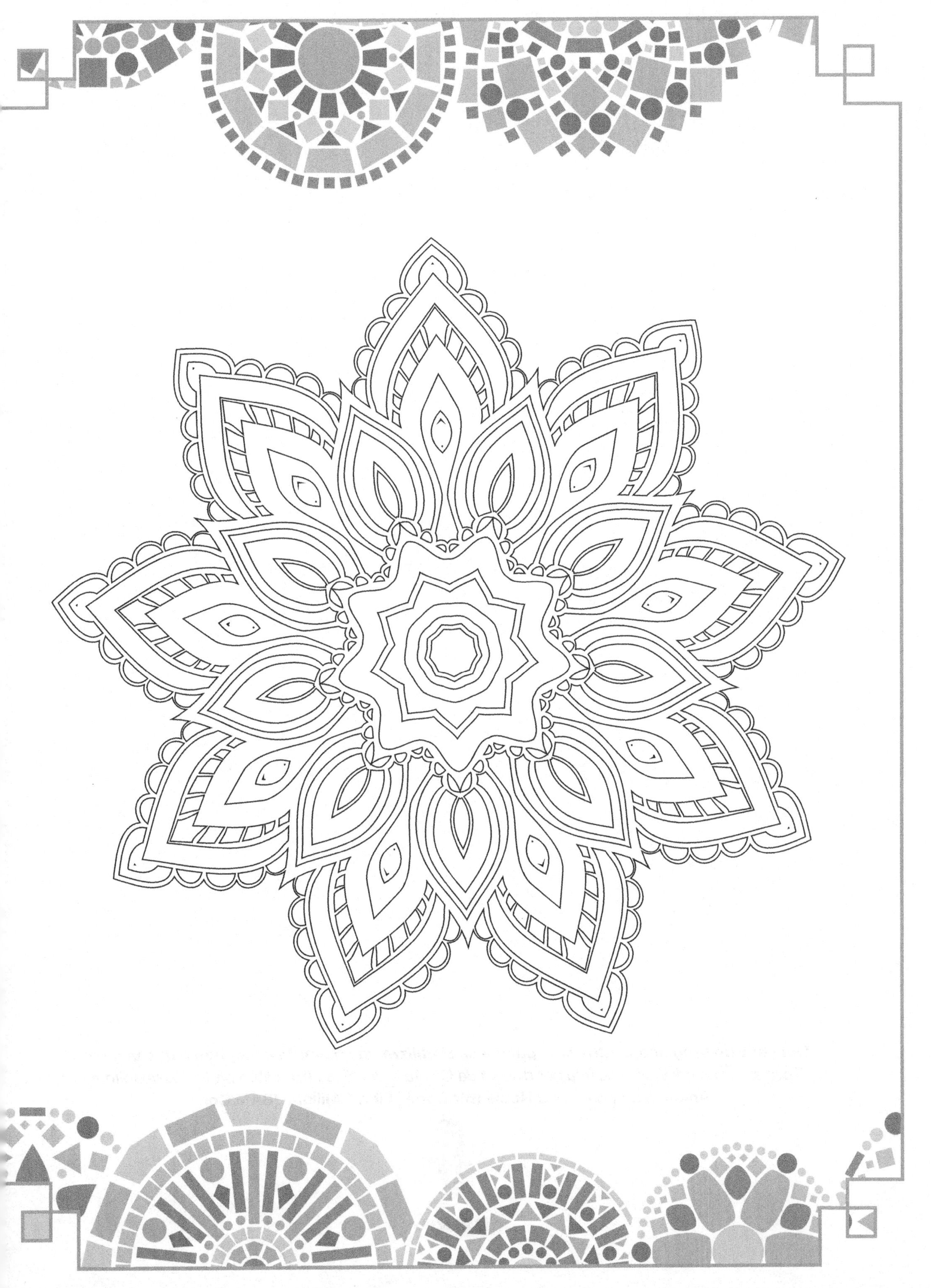

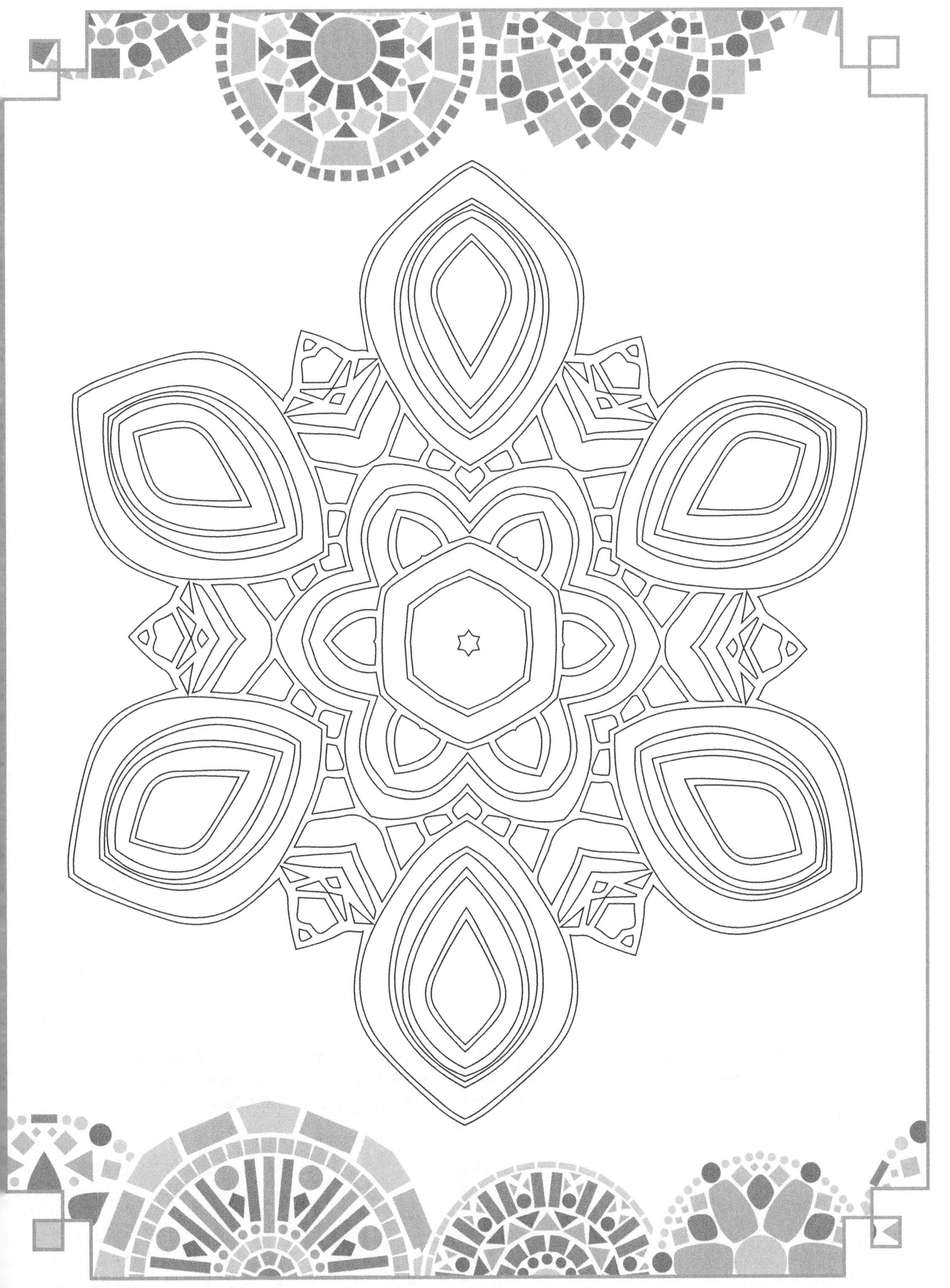

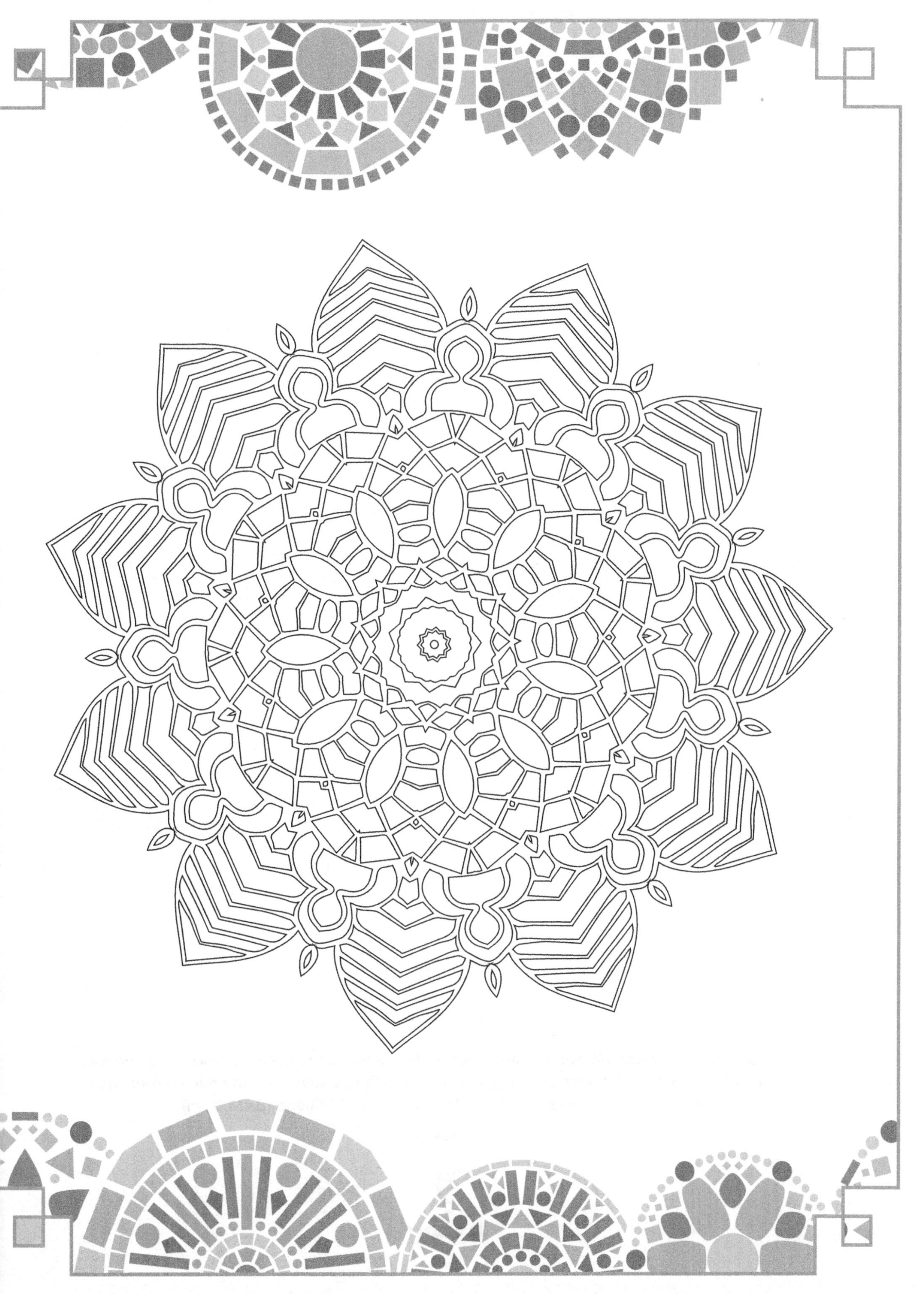

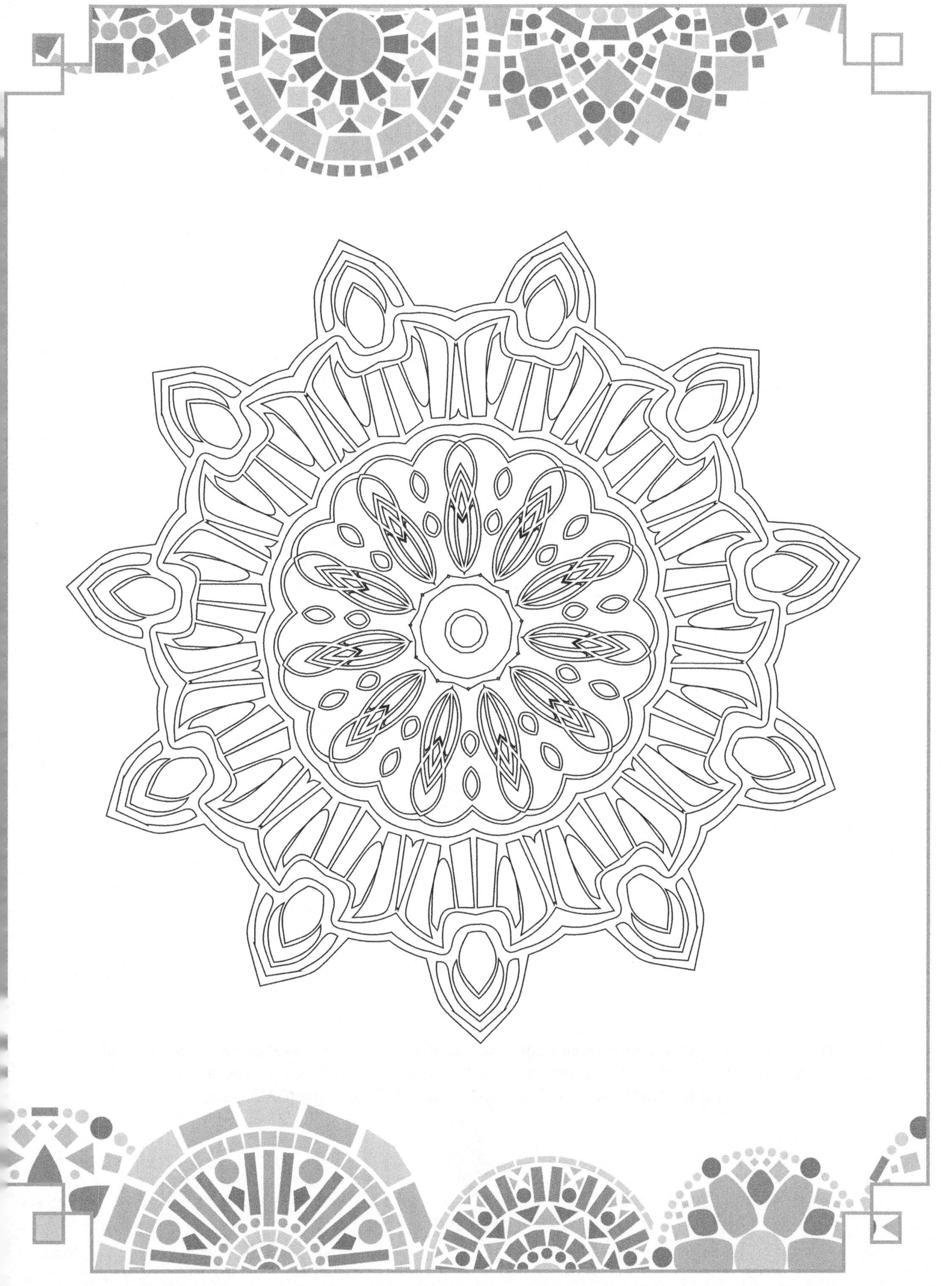

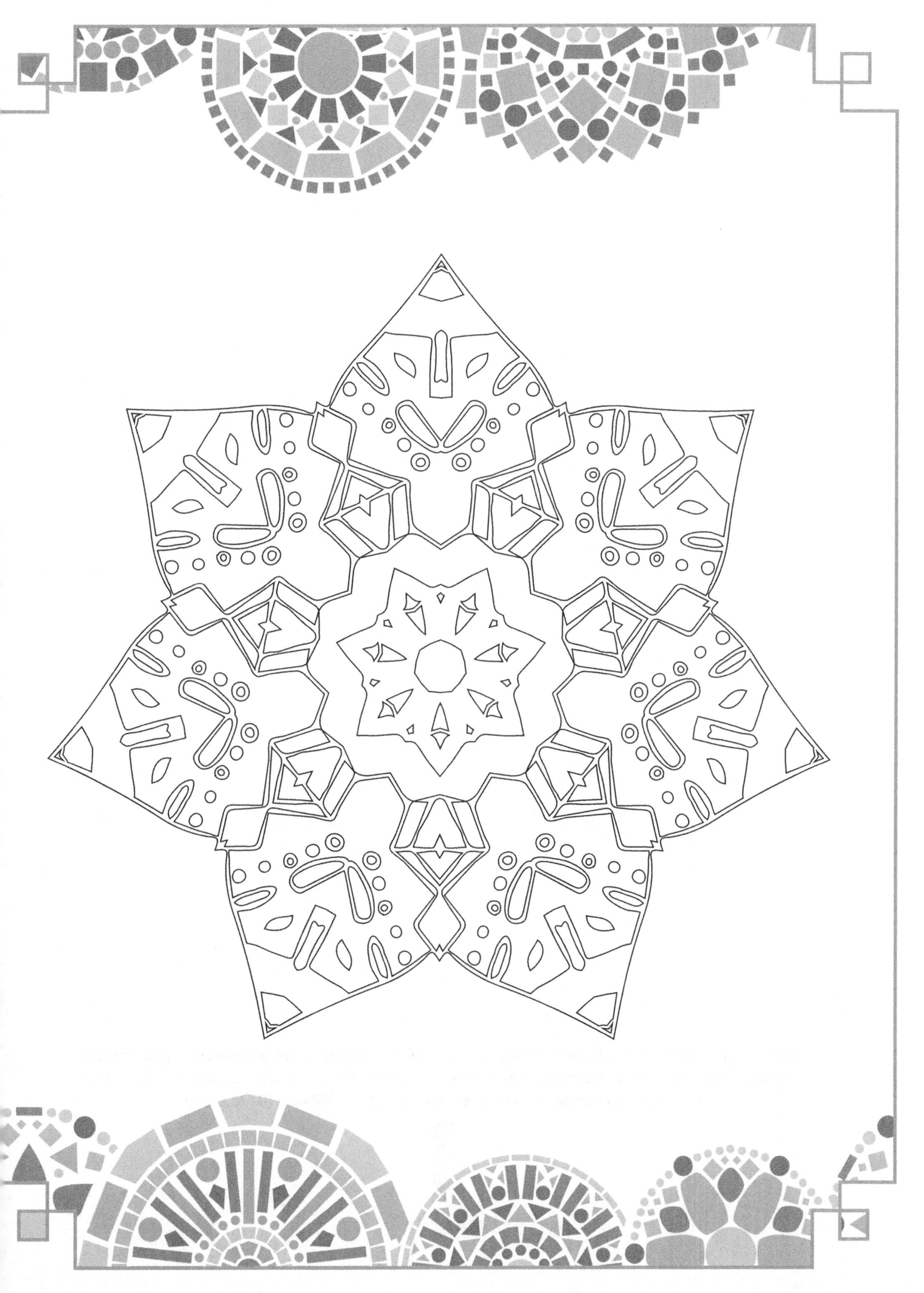

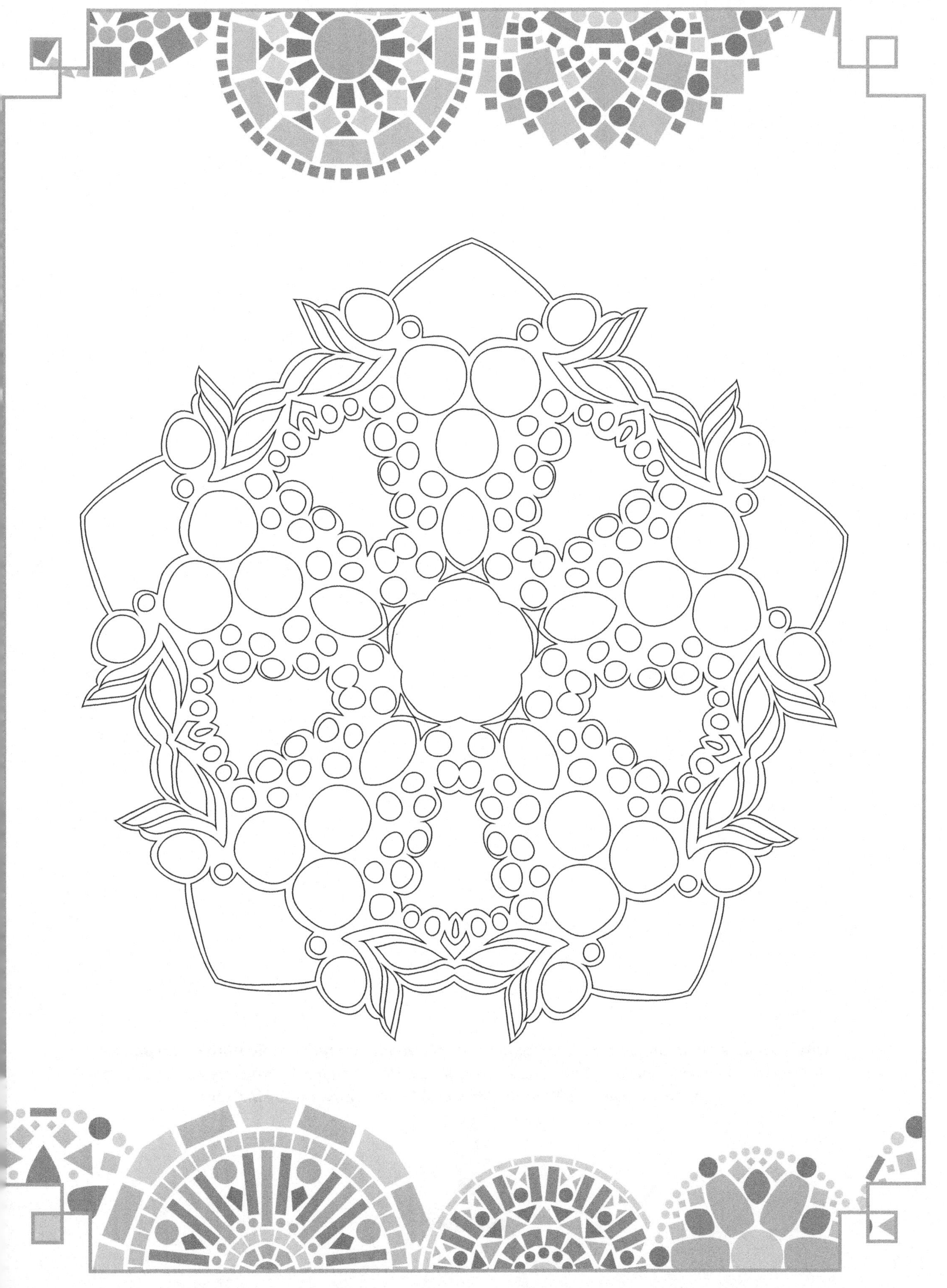

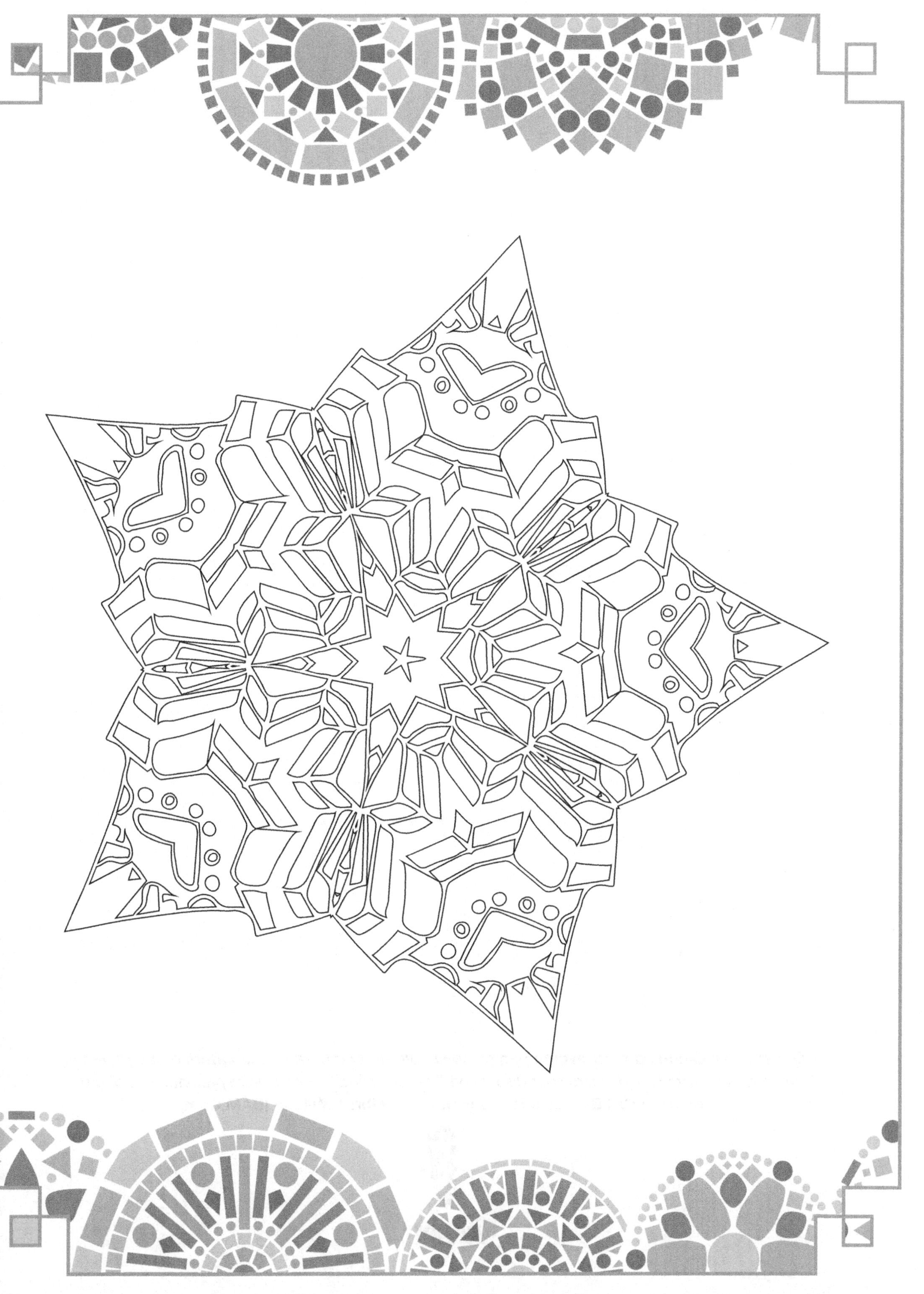

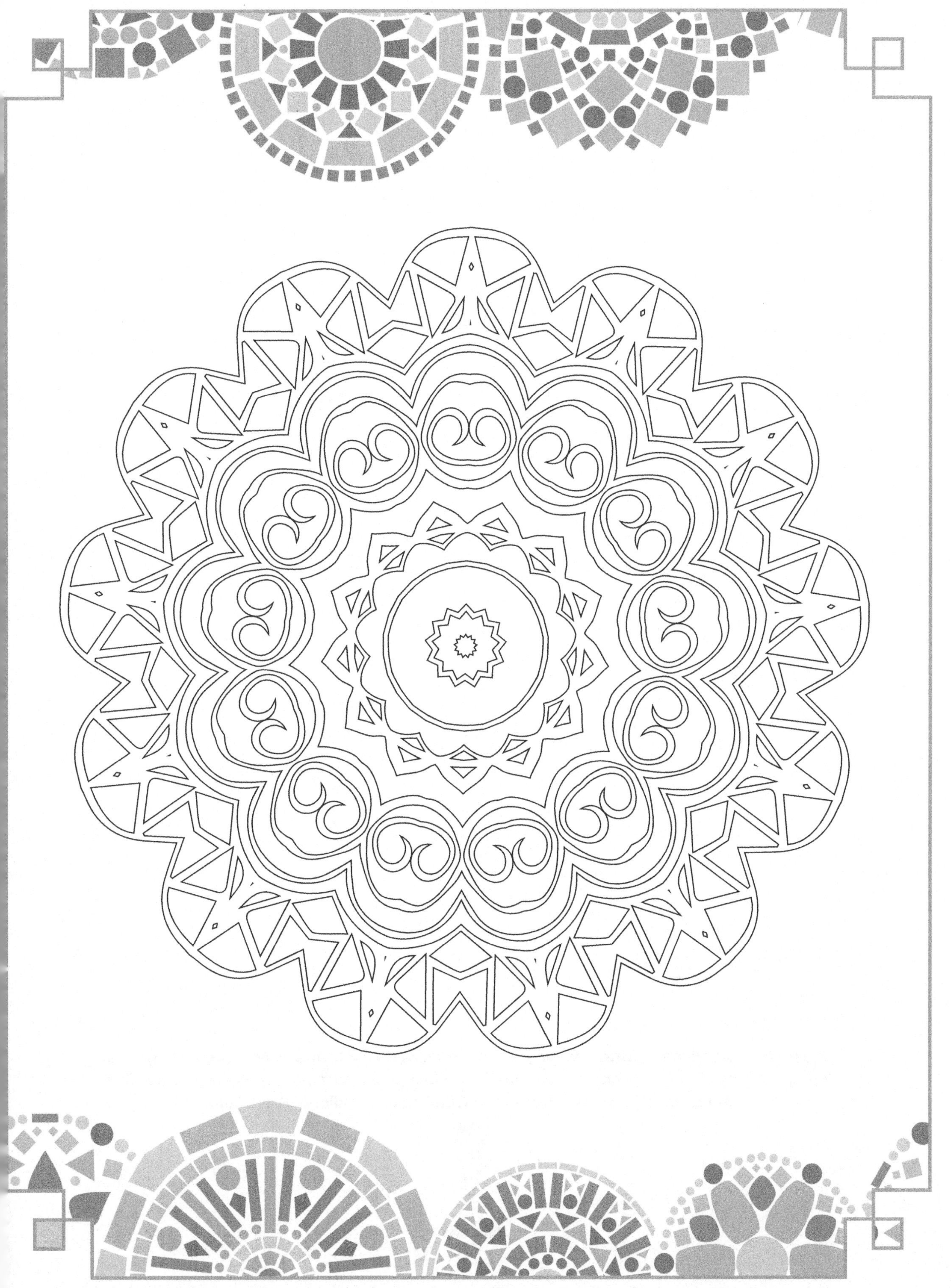

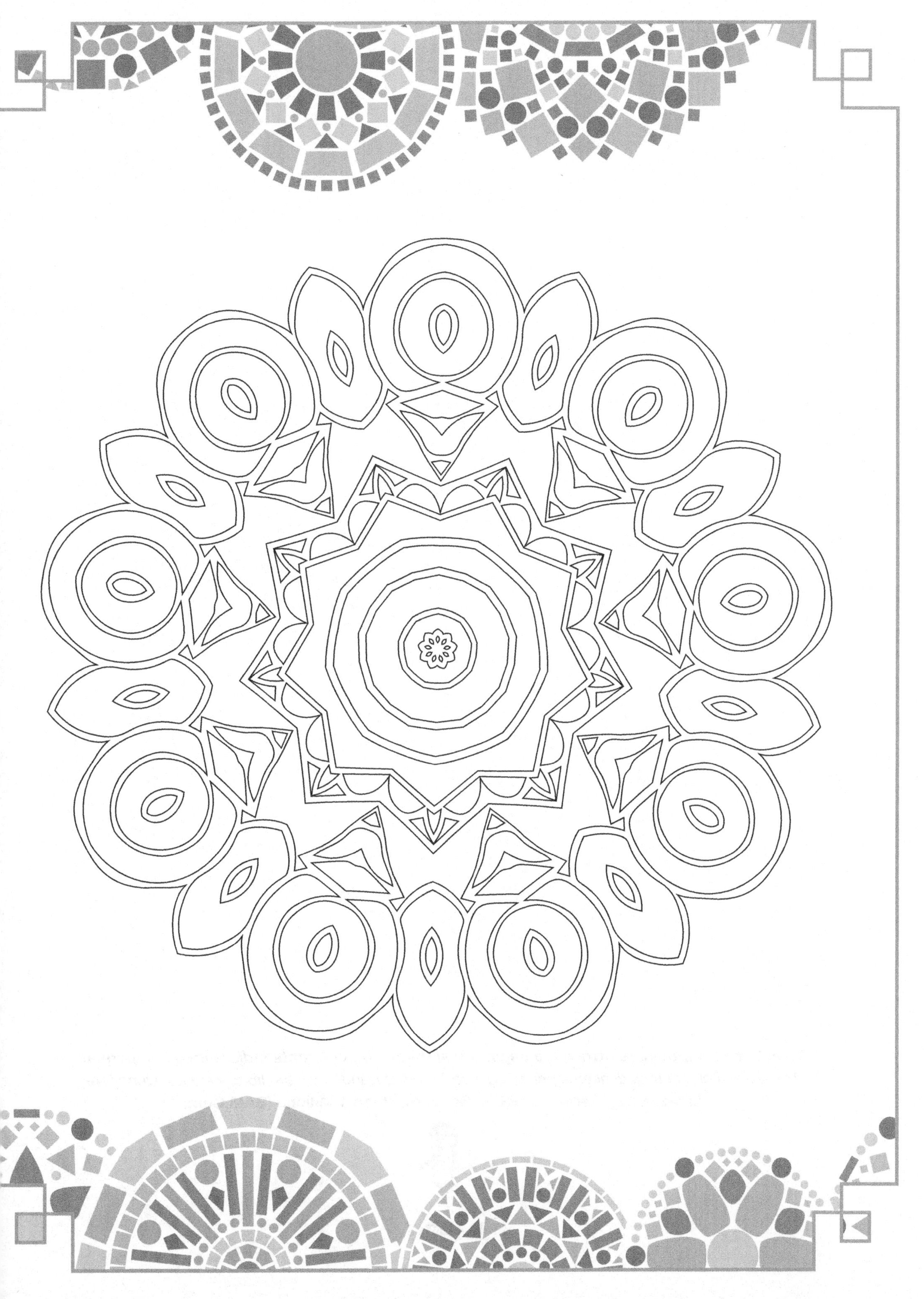

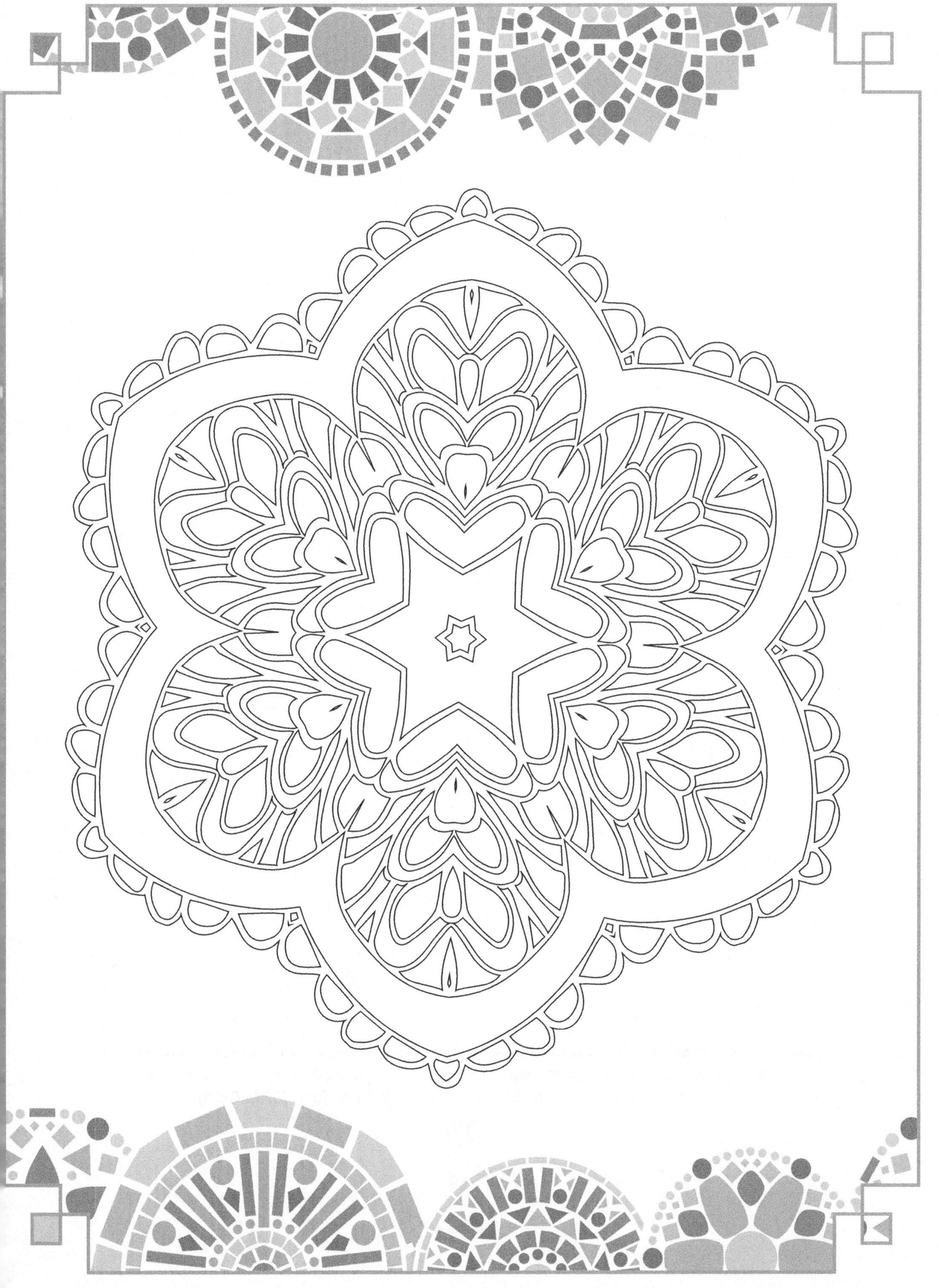

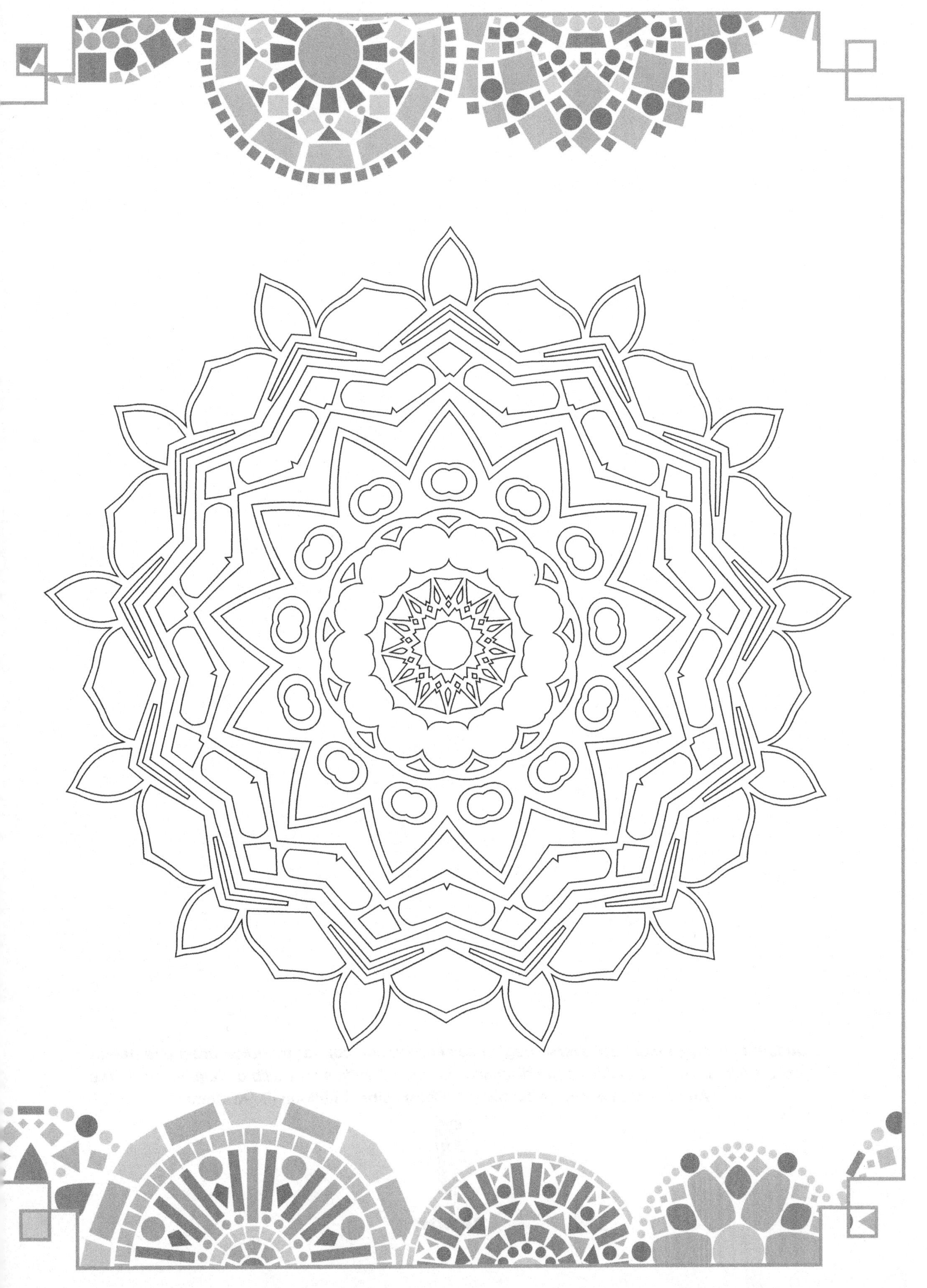

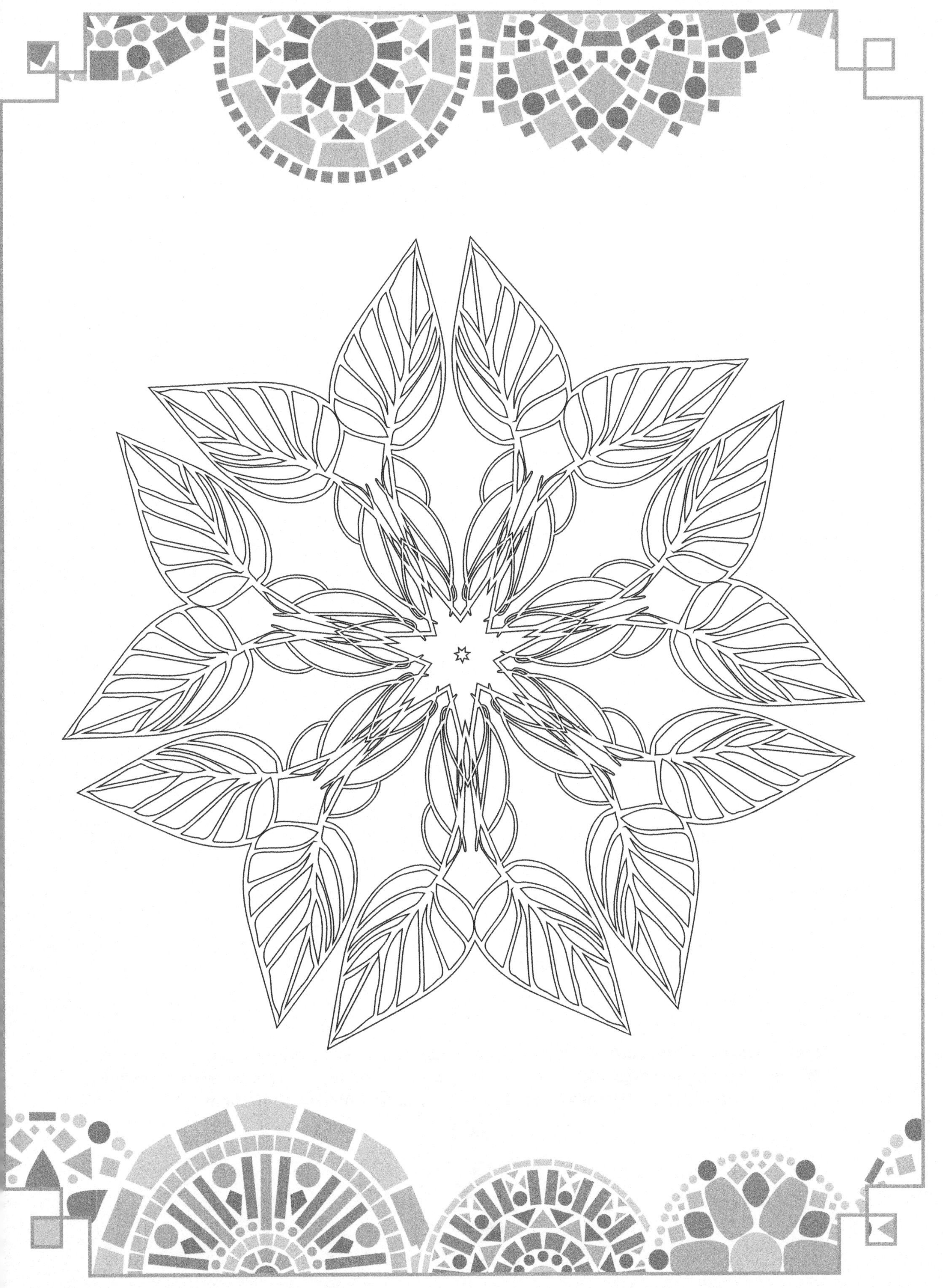

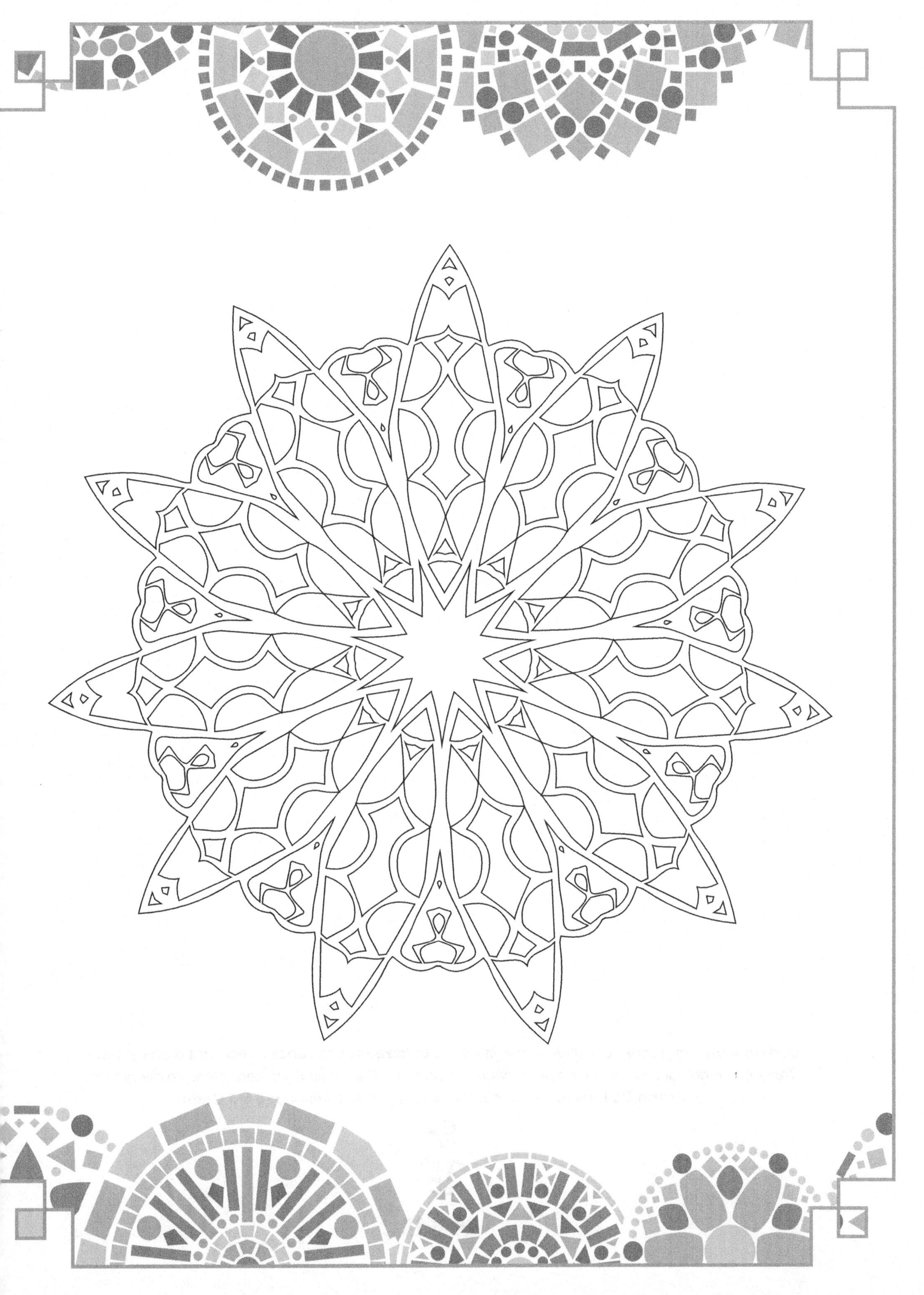

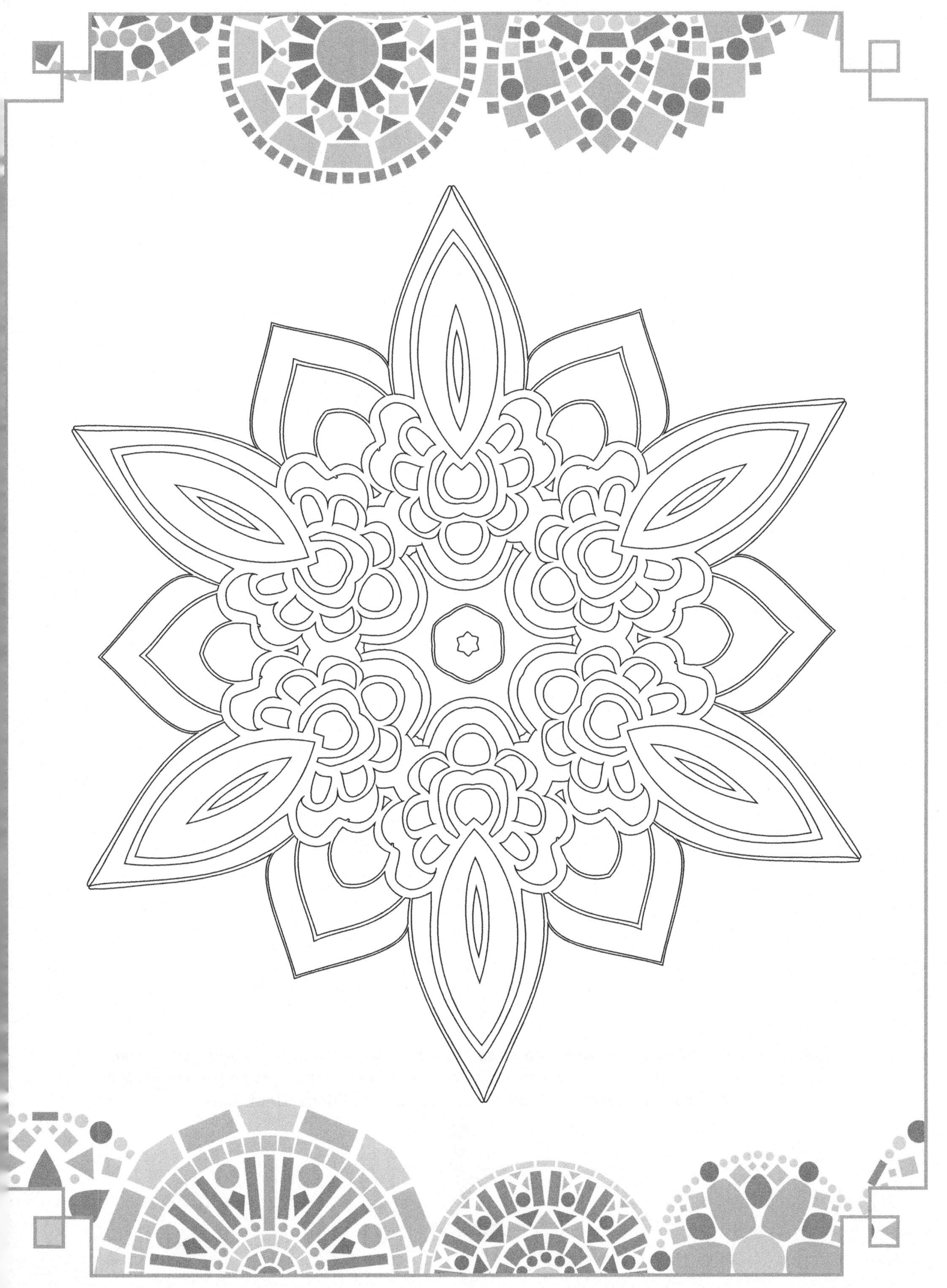

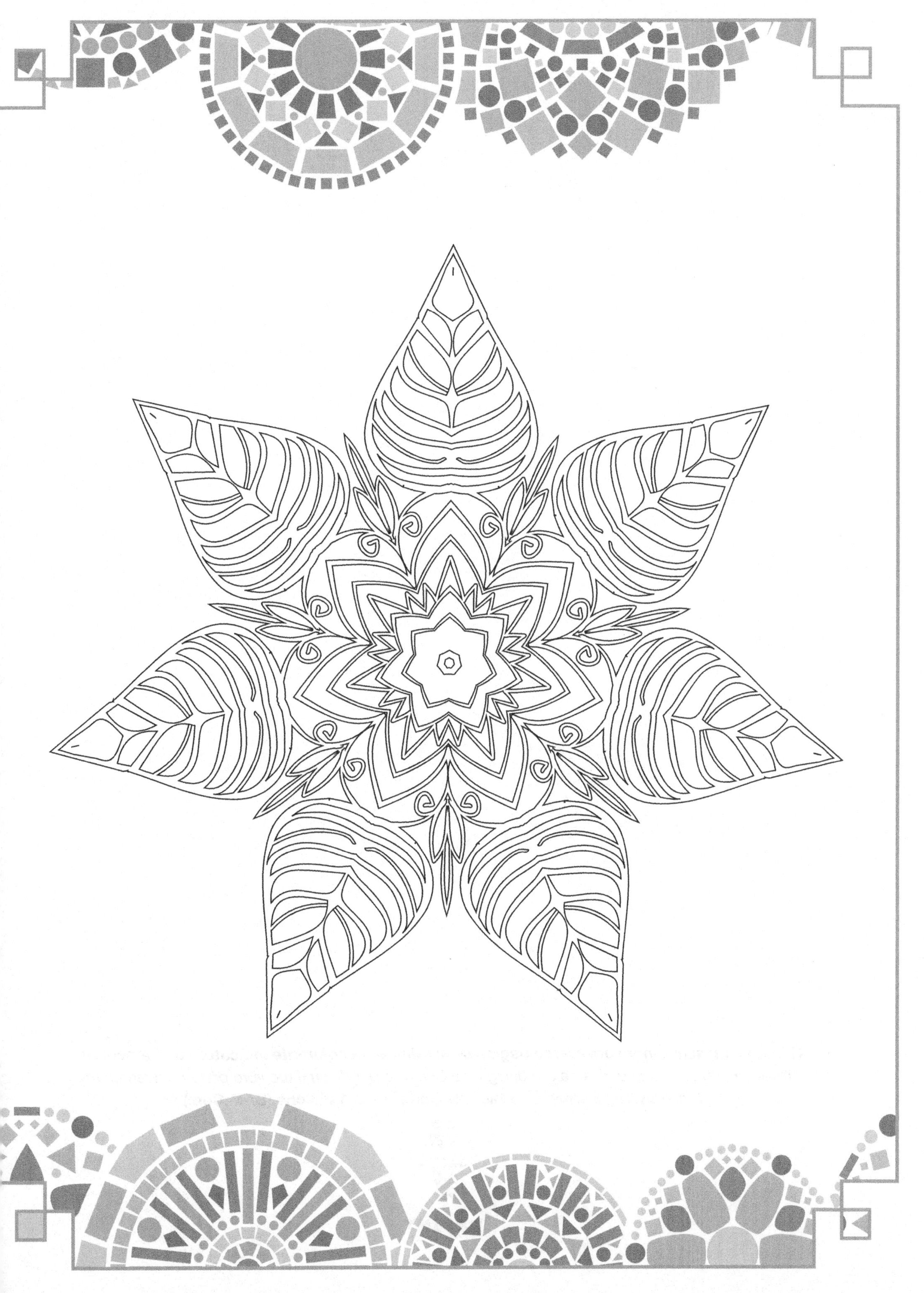

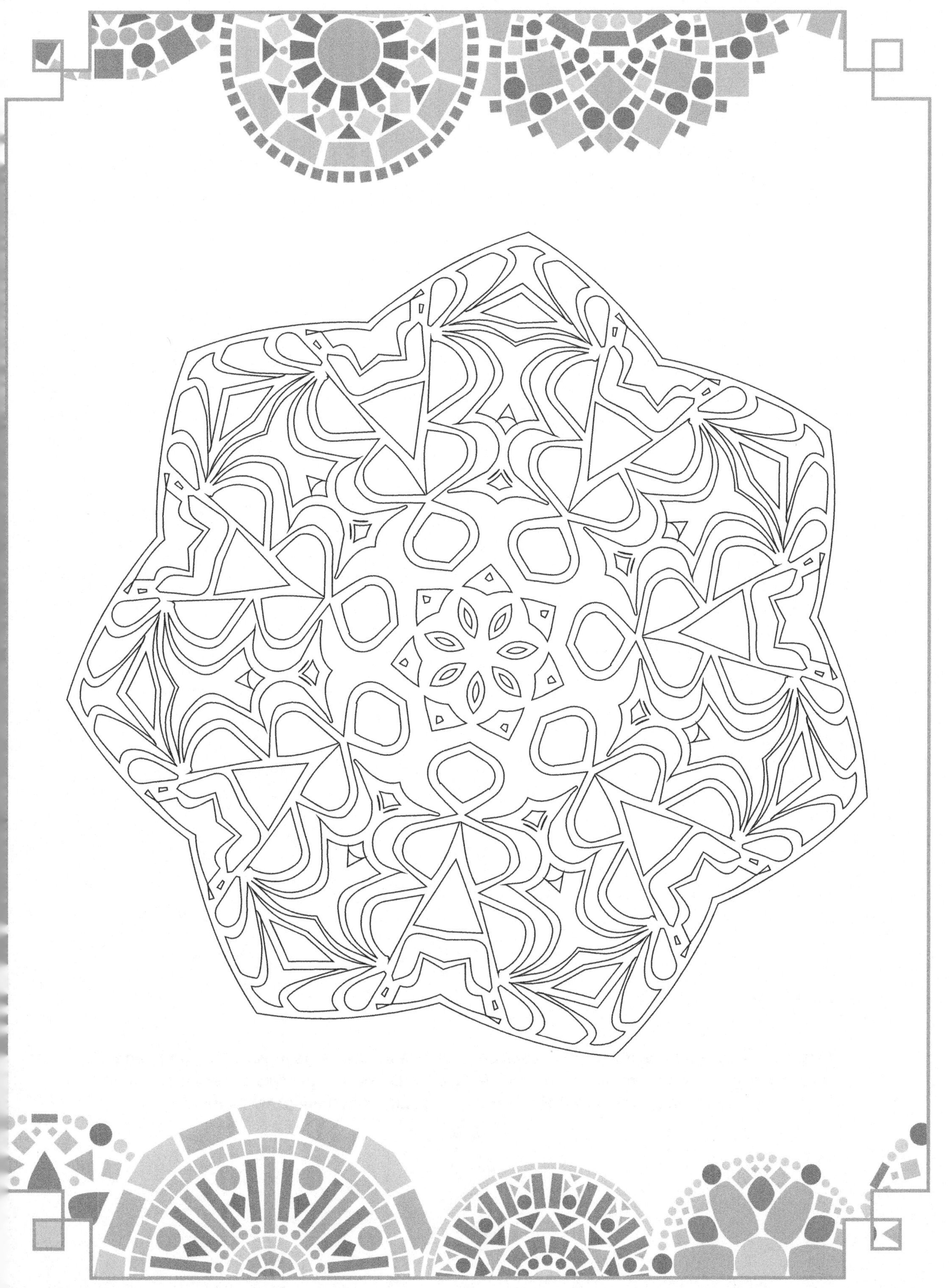

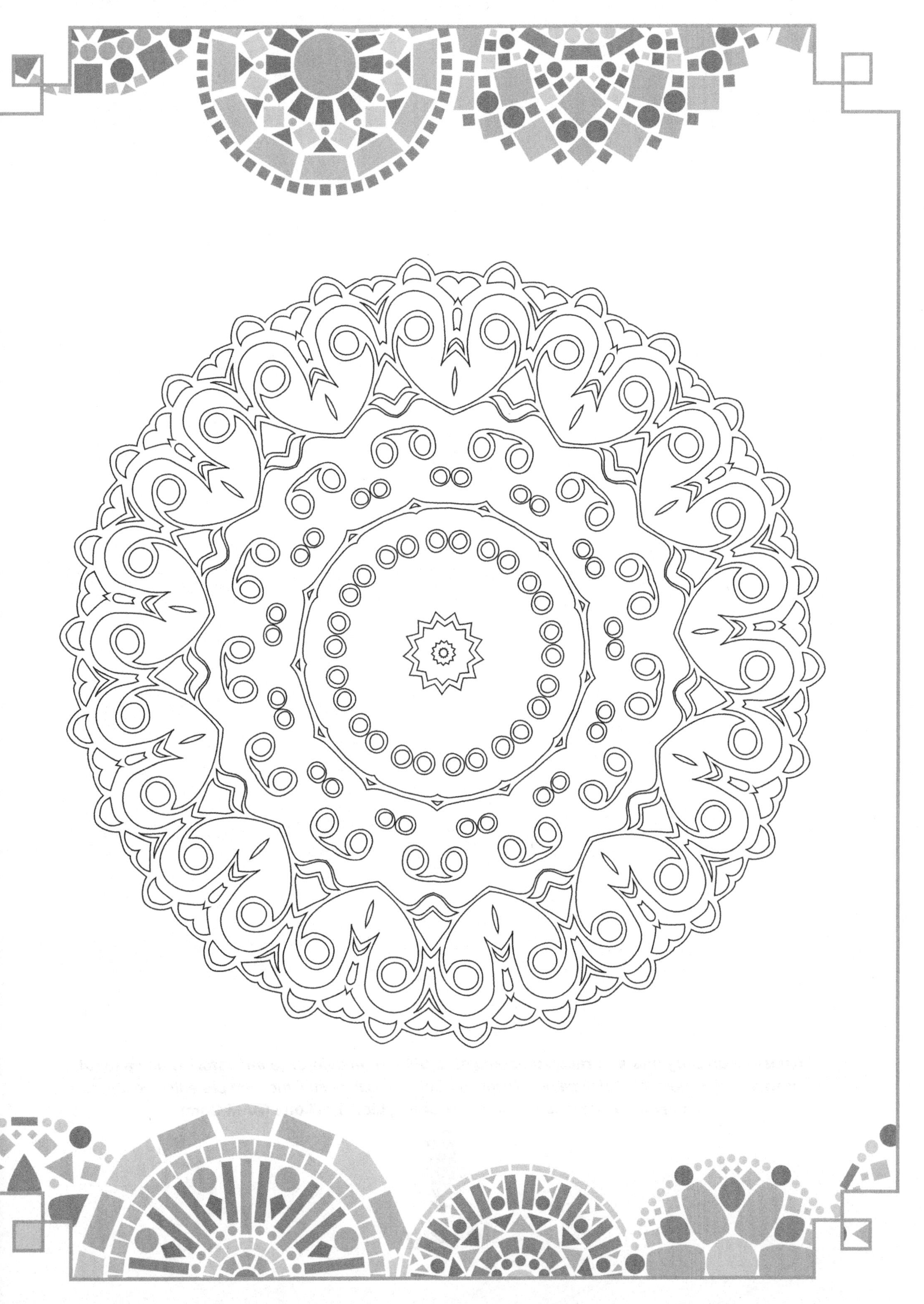

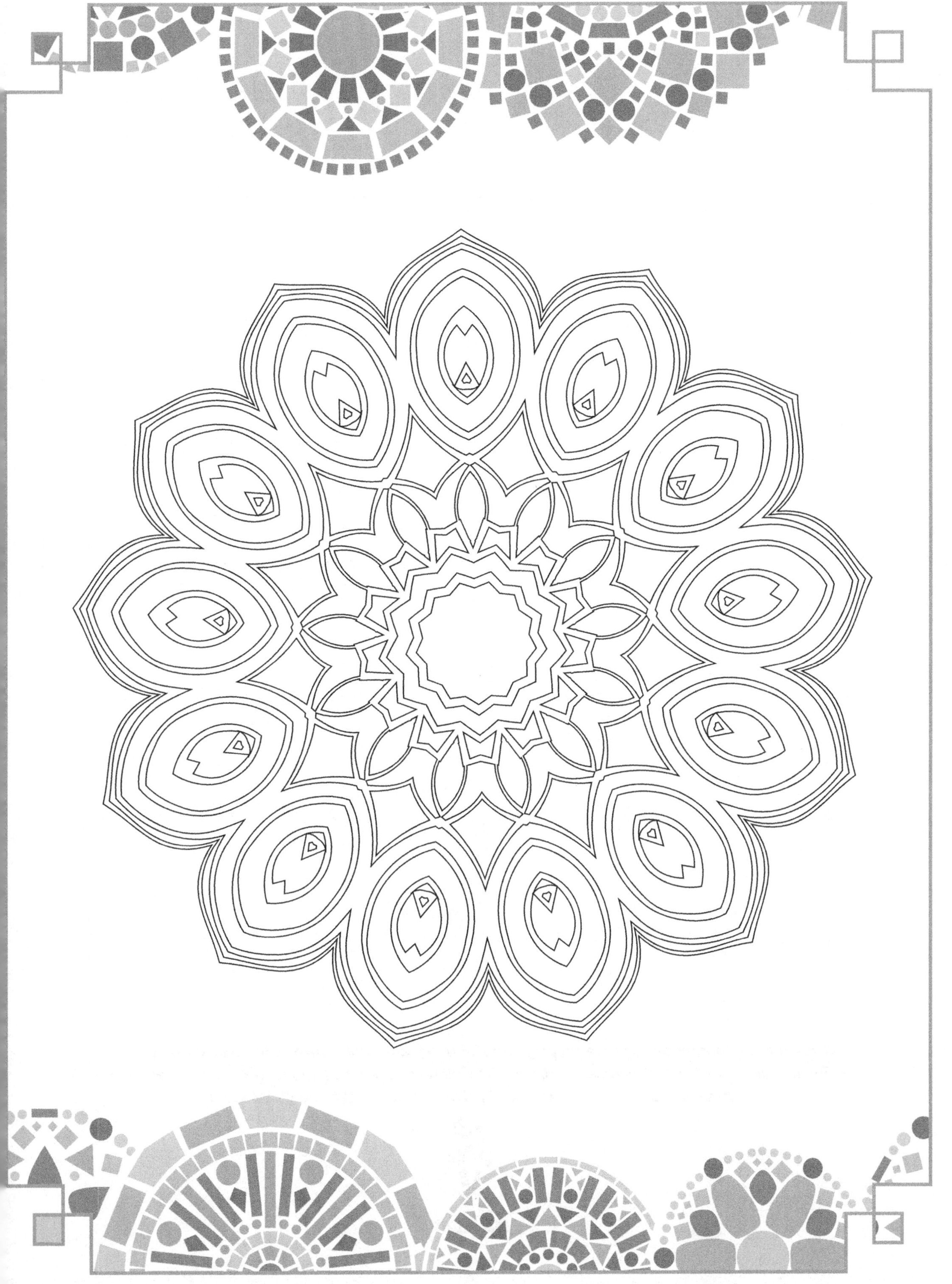

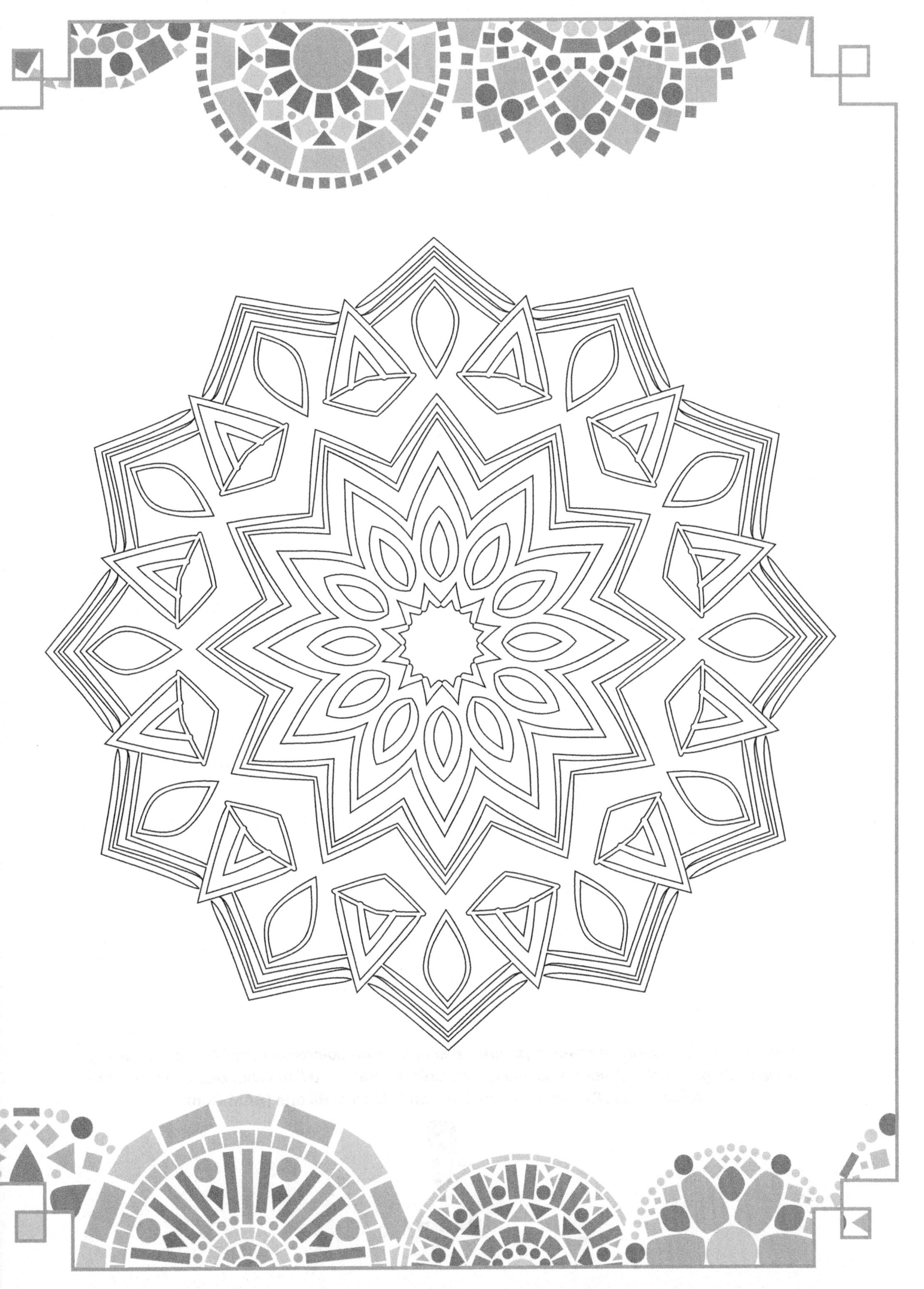

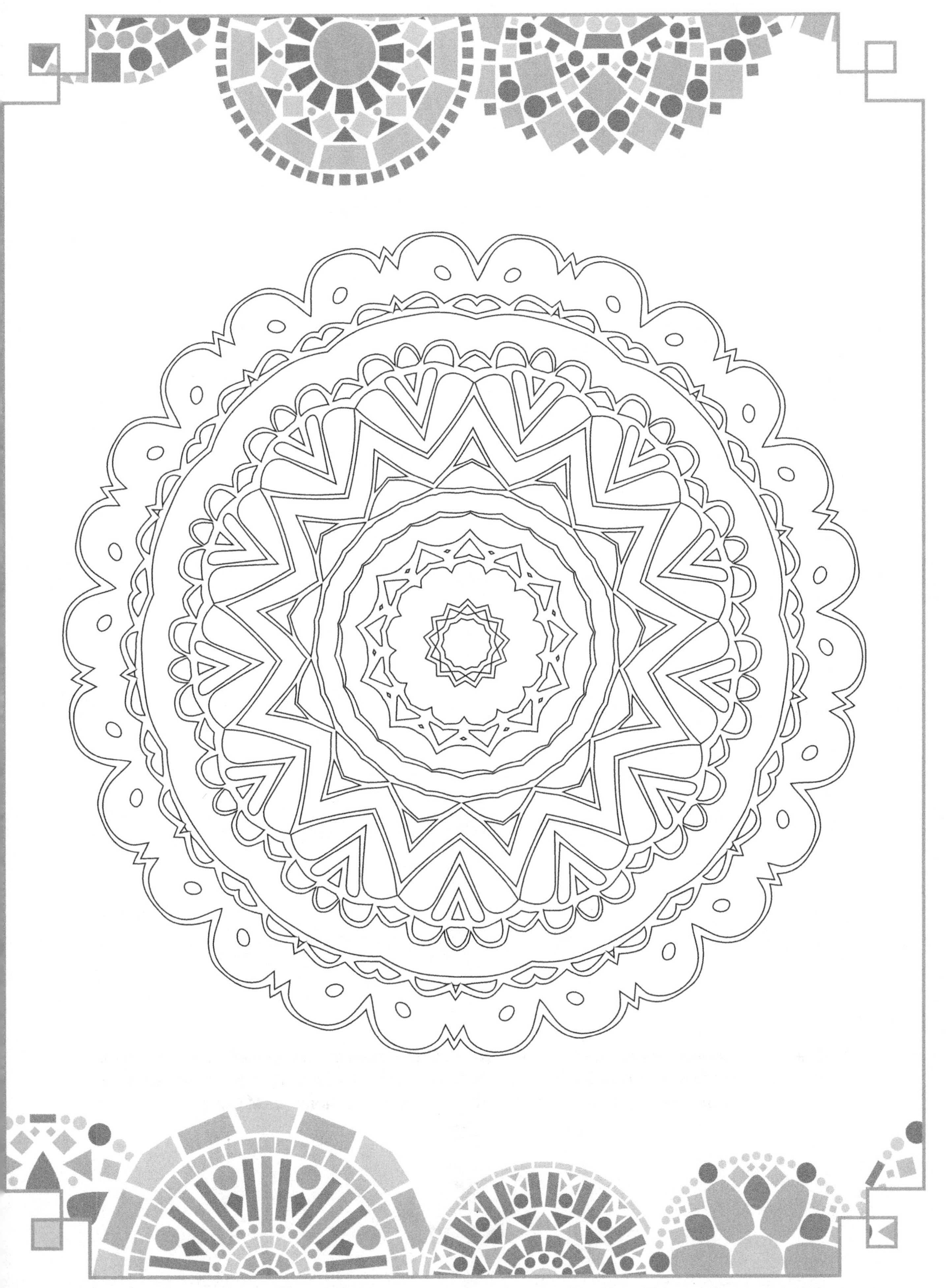

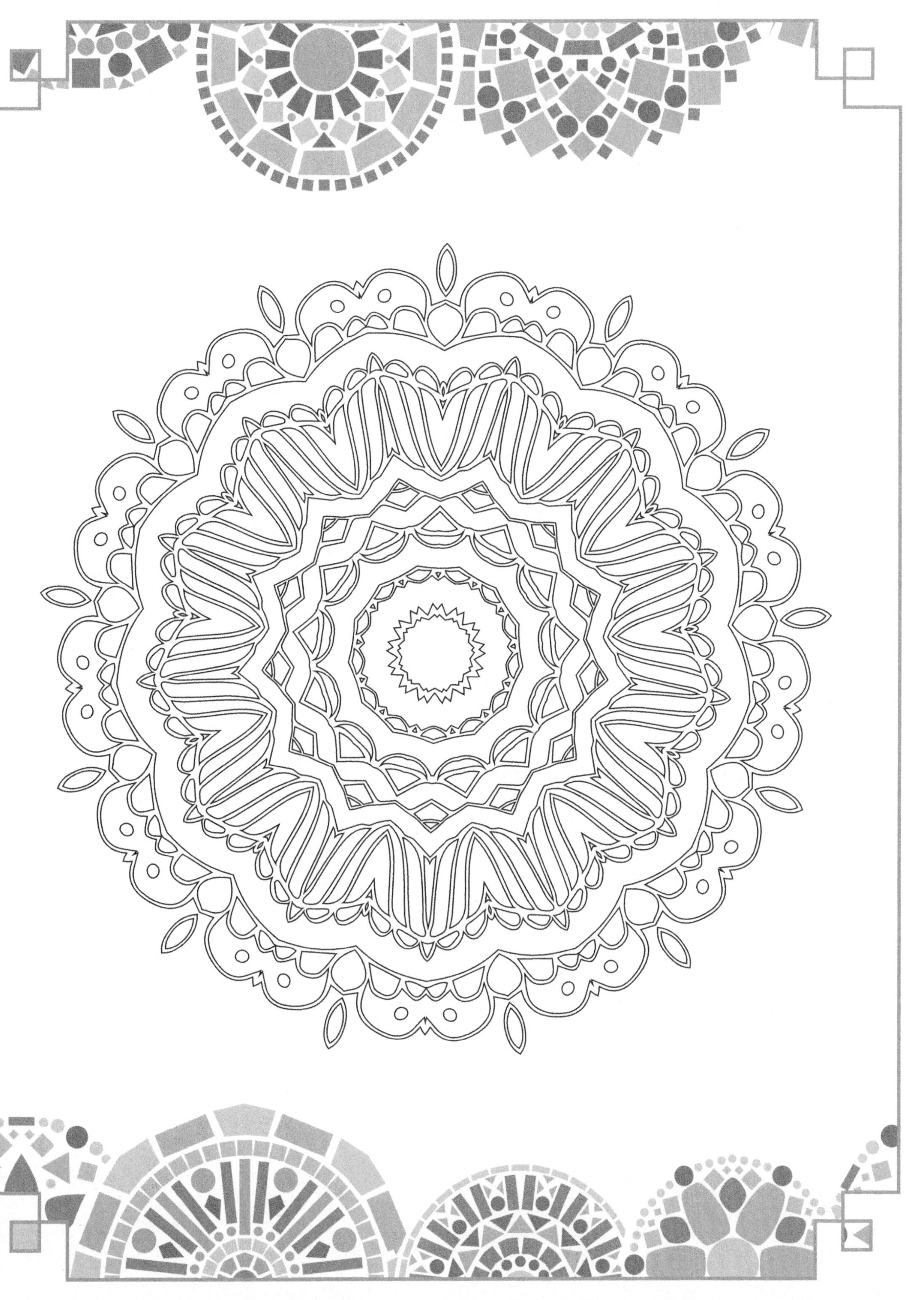

Made in the USA
Monee, IL
07 July 2026

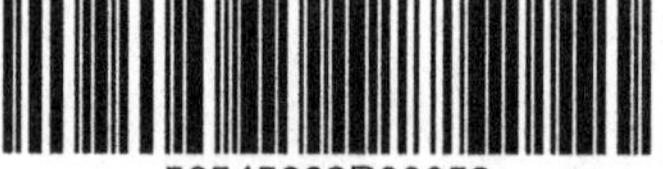

56545662R00059